Der Friedhofer

Ein Rosenheim-Krimi

Peter Brand

Wieken-Verlag

Die Deutsche Nationale Bibliothek verzeichnet diese Publikation in der Deutschen Nationalbibliographie;
Detaillierte bibliographische Daten sind im Internet über http://dnb.de abrufbar.
Bilder (c): Cover: Frau am Grab: Susan Cipriano — pixabay.com, Redner: Mohamed Hassan — pixabay.com; Trennbild: Alejandra Jimenez — pixabay.com
Titelgestaltung: Martina Sevecke-Pohlen
Wieken-Verlag Martina Sevecke-Pohlen
Fenderstr. 1, 26817 Rhauderfehn
info@ wieken-service.com

ISBN E-Book mobi 978-3-943621-84-6
ISBN E-Book EPUB 978-3-943621-85-3
ISBN Taschenbuch Amazon 978-3-943621-86-0
ISBN Taschenbuch Buchhandel 978-3-943621-87-7
ISBN gebundene Ausgabe 978-3-943621-88-4

Inhalt

Dies ist eine fiktive Geschichte. Handlung und Personen sind frei erfunden. Ähnlichkeiten zu lebenden oder verstorbenen Personen oder zu realen Ereignissen sind zufällig.

If I can stop one heart from breaking,
I shall not live in vain;
If I can ease one life the aching,
Or cool one pain,
Or help one fainting robin
Unto his nest again,
I shall not live in vain.
Emily Dickinson, 1890

1) Pietätvoll

Schreitet die Musik voran, gefolgt vom Zug der Trauernden. Kein Priester ist dabei. Zur Melodie von Gustav Mahlers 5. Sinfonie, einem Trauermarsch, schwebt Herbstlaub im sanften Wind herab auf die Friedhofswege. Die tiefstehende Sonne lässt lange Schatten wie Trauertücher über die Gräber legen. Zwischen Kapelle und Trauerzug trägt ein Mann in Schwarz eine Urne. Er ist würdevoll gekleidet. Der Anzug sitzt nicht ganz perfekt, doch wie oft braucht man schon solche Kleidung. Die Hälfte der schwarzen Krawatte verschwindet unter der Weste. Eine große Sonnenbrille verdeckt seine Augen, eine Schirmmütze sein kurz geschnittenes Haar.

Am Grab spricht ein Redner. Er fasst ein Leben in kurze sieben Minuten. Worte vom Werden und Vergehen schließen die Rede.

Der Mann, der die Urne in seinem Arm hält wie ein Baby, übergibt das Aschegefäß an zwei Herren des Friedhofspersonals. Er tritt hinter die erste Reihe der Angehörigen zurück. Begleitet von einem weiteren Trauermarsch der Kapelle versinkt die Urne langsam im offenen Grab. Kränze und Blumengestecke rahmen diesen winzigen Ort der letzten Ruhe.

Der Mann mit der schwarzen Uniform hält sich zurück. Er muss sich zusammenreißen, um vor Schmerz nicht laut aufzuschreien. Er will nicht so leiden.

Obwohl in der Traueranzeige darum gebeten wurde, von Beileidsbekundungen abzusehen, bezeigen der Familie nach und nach alle Anwesenden ihre Anteilnahme. Im Gegensatz zum Frühjahr, als wegen der Corona-Pandemie-Regeln nur die engsten Angehörigen bei Beerdigungen dabei sein durften, sind es nun wieder Dutzende. Die meisten von ihnen geben nicht die Hand beim Kondolieren und deuten eine Verneigung an.

Unbeachtet entfernt sich der Urnenträger von diesem Ort. Die Qual lastet schwer auf seiner Brust. Sie nimmt ihm die Luft zum Atmen. Es dauert eine Weile, bis er wieder klar denken kann. Er weiß noch nicht genau, was zu tun ist. Doch stellt er sich die Frage: Wer ist schuld?

2) Ein halbes Jahr später, 18. Kalenderwoche

Im Osten schoben sich ein paar Wolken vor die Morgensonne. Anni Kramers Collie-Mischling Beni zerrte an der Leine. Bevor Anni ihn heute am Montagmorgen angeleint hatte, war der Rüde schon unruhig im Haus herumgelaufen. Er gebärdete sich wie damals, als die zu Stephanskirchen gehörenden Ortsteile Hofau, Hofleiten und alle nahe am Inn gelegenen Häuser auf der Rosenheimer Inn-Seite evakuiert wurden. Tagelang hatte es in jenem Frühjahr geschüttet. Die gleichzeitige Schneeschmelze in den Alpen hatte den Innpegel gefährlich ansteigen lassen. Zu einer Überschwemmung war es dann gottlob nicht gekommen. Beni hatte die Gefahr gespürt. In diesem Frühling aber hatte es seit Tagen nicht geregnet.

Mit dem Hund musste sie jeden Tag zweimal raus an die frische Luft. Sogar während der Ausgangsbeschränkungen wegen der Corona-Krise war Gassigehen erlaubt geblieben. Wie immer kamen sie an einem Galloway-Gehege vorbei, wo sich die Rinder bei Benis Anblick an den hinteren Zaun zurückzogen. Beni interessierte sich nicht für die Viecher. Vielleicht waren sie ihm einfach zu doof und er lachte auf eine gewisse Hundeart über sie.

Anni und Beni spazierten weiter an der sowieso wenig befahrenen Innleitenstraße entlang bis zu einem kleinen Landschloss, dem sogenannten Gillitzer-Schlösschen.

Beni zog noch heftiger an der Leine. Kurz vor dem Schlösschen wurde es Anni zu blöd. Sie ließ den Hund frei. Wie von Wespen gejagt stürmte er über die Straße, den dortigen Hang hinauf durch Gestrüpp und Mischwald. Mühsam folgte Anni ihrem Liebling. Der Hang wurde nach oben immer steiler. Aber Beni hatte sein Ziel erreicht. Er bellte, hüpfte auf und ab und wedelte heftig mit dem Schwanz. Es dauerte einige Minuten, bis sich Anni zu ihm durchgekämpft hatte, doch da sah sie, was Beni so aufregte.

Ein menschlicher Körper lag im Buchenlaub neben einem Felsbrocken. Er bewegte sich nicht. Anni hatte mit einem toten Hasen oder Wiesel gerechnet, aber nicht mit so etwas! Beni bellte weiter, als würde der Mensch noch leben und er könne ihn zum Aufwachen bringen. Ein spätes Virus-Opfer, befürchtete Anni beim ersten Blick auf die Frau mit den langen, blonden Haaren. Aber so verkrümmt, wie sie dalag, dämmerte es Anni, sah das eher nach Unfall aus. Ein wenig dunkelbraunes Blut an Gesicht und Armen konnte bedeuten, dass die Leiche schon Stunden hier lag.

Obwohl Anni ihr betagtes Handy dabeihatte und wusste, wie sie einen Notruf absetzen konnte, kam sie sich einen Moment lang hilflos vor: Kein Netz. Trotz ihres Alters wusste sie sich zu helfen. Sie schaltete das Handy aus, wieder ein und gab statt der PIN die 112 ein. Das funktioniere immer, hatte ihr Enkel sie für alle Fälle aufgeklärt.

Hilfe konnte anrücken.

3) Am Tag nach dem Leichenfund

Erkundigte sich Kriminalkommissar Kreutz in der Gerichtsmedizin über das vorläufige Ergebnis der Obduktion. Die am Hang der Innleitenstraße aufgefundene Leiche lag nackt auf dem Seziertisch.

„Das ist nicht normal." Der forensische Pathologe Dr. Gideon Baumgartner schüttelte den Kopf. Sein rötliches, im Nacken zusammengebundenes langes Haar wippte heftig. „Diese Frau starb zwar an der Fraktur des vierten Halswirbels", sinnierte er, ohne den Blick von der Leiche abzuwenden, „ansonsten war sie kerngesund". Kommissar Kreutz verkniff sich ein Schmunzeln.

„Man muss ja nicht krank sein, wenn man unglücklich stürzt und sich das Genick bricht."

Irritiert schaute Dr. Baumgartner durch seine starken Brillengläser zum Kommissar, der es ihm gegenüber mit Abstand zum Seziertisch vermied, die Leiche genauer zu betrachten. Mit seinen Latexfingern zog er sich die grünliche Atemschutzmaske unters Kinn.

„Natürlich nicht", grollte der Arzt, „ich meine nur, dass ihr wohl kaum schwindelig war, als sie stürzte. Drogen, Alkohol, COVID-19-Viren oder eine andere fiebrige Erkrankung, das ist alles auszuschließen. Sie war sportlich, joggte wohl täglich, fuhr Rad, schwamm oder betrieb sogar eine Kampfsportart."

„Tae-Kwon-Do", bestätigte der Kommissar.

Dr. Baumgartner richtete seinen Blick wieder auf die Tote.

„Das wissen Sie von Ihren ersten Ermittlungen?"

„Ja. Und Sabine Stern ist—war Heilpraktikerin, vermutlich Single und kinderlos. Ein Bruder lebt in den USA. Wurde heute erreicht und verständigt. Eltern sind verstorben. Wir gehen davon aus, dass sie an der Stelle, wo sie in die Tiefe stürzte, einen falschen Schritt machte. Der lehmige Untergrund war noch feucht von Tau. Kann also gut sein, dass sie ausgerutscht ist."

„Ja, kann sein", sagte der Arzt, ohne aufzusehen. „Ich habe aber keine Hinweise darauf, dass sie schlecht gesehen hätte. Keine Brillenabdrücke, keine Kontaktlinsen."

„Na ja, mit 36 Jahren brauchte sie wohl noch keine Sehhilfe. Unter den Gegenständen in ihrer Wohnung und der Praxis war keine Brille. Ebenso an der Absturzstelle."

„Sehen Sie, Herr Kreutz, beim Kampfsport kann man schon mal was abkriegen, Hämatome sind dabei sogar normal. Die hier sind älter als zwei Tage." Er führte seine Hand über den rechten Oberarm der Leiche. Dann zeigte er auf zwei schwach ausgeprägte Stellen an den seitlichen Rippen. „Die neueren hier könnten schon auf einen Sturz aus etwa fünfzehn Metern Höhe zurückzuführen sein. Die Kopfverletzungen, die Schrammen und Wunden an Armen und Beinen sowieso. Aber diese beginnenden Hämatome sind kaum zu sehen, dennoch vorhanden. Die Dame hat also noch einige Minuten nach dem Sturz gelebt. Die Todesursache ist aber sicher der Genickbruch. Weitere Hämatome hätten sich kaum mehr bilden können. Aber da sie sehr hübsch war und äußerst gepflegt, ist das hier schon seltsam."

Der Arzt streckte seinen Arm aus und hob die langen blonden Strähnen am Hinterkopf der Frau an.

„Haben Ihre Leute das gemacht, um Drogenkonsum nachzuweisen?"

„Meine Leute, wie Sie sagen, hätten das nicht machen müssen. Sie, Doktor, würden einen Test doch selbst im Labor vornehmen. Und genügend Haare wären hier im Original vorhanden." Die leichte Ironie in Kreutz' Ton ließ Dr. Baumgartners Pferdeschwanz baumeln.

„Und wie erklären Sie sich das?"

Jemand hatte eine hässliche Stufe ins blutverklebte offene Haar der Frau geschnitten.

„So arbeitet kein Friseur", stellte Kommissar Kreutz fest. „Posthum entfernt?"

„Nicht von mir. Ich habe das am Fundort nicht gleich als herausgeschnitten erkannt. Das Haar war verdreckt mit Erde, Laub und Tannennadeln. Im ersten Moment hat es ausgesehen, als wäre es beim Sturz über den Abhang ausgerissen worden."

„Ich denke nicht", entgegnete der Kommissar und gab zu bedenken: „Dann wären wenigstens ein paar blonde, menschliche Haare an der Absturzstelle oder dem Sturzkanal über die Böschung gefunden worden. Unsere Leute haben dort alles akribisch untersucht."

„Und ich untersuche die Leiche. Das hier war eine Schere." Er schob seinen Mundschutz zurück übers Gesicht. Augenscheinlich betrachtete er das Gespräch für beendet.

Vorübergehend überlegte der Kommissar, ob Frau Stern schon vorher mit der Lücke im Haar herumgelaufen sein konnte.

Vermutlich, widersprach sich Kreutz selbst, wäre diese attraktive, durch ihren Heilberuf bestimmt sehr angesehene Frau niemals mit so einem Makel außer Haus gegangen.

4) Eine Woche zuvor, 17. Kalenderwoche

Im Frühjahr, wenn Ostern vorbei und die Nächte frostfrei sind, erblühen der Friedhof und seine Ruhestätten wie eine Gartenschau. Von preiswerten Eisbegonien bis zu teuren Edelrosen ist alles auf den Gräbern, was die Gärtnereien hergeben. Der Duft von frisch gemähtem Gras liegt in der Luft. Der Frühling hat es in letzter Zeit beinahe jedes Jahr eiliger. Auf den Wegen sammelt sich schon jetzt erster Blütenstaub von Birken, und die Samenwolle der Trauerweiden schwebt wie Schneeflocken im sanften Wind.

Große Grabsteine wurden im Laufe der Zeit immer weniger. Kleine, pflegeleichte Gräber lösten sie ab, weil die Angehörigen fortzogen und nicht mehr täglich zum Gießen kommen können. Urnen ruhen darin. Die Namen der einst Lebenden stehen auf Platten oder Steinen im Boden, ebenso wie die der Toten, die sich in einem Teil des Friedhofs eine Baumbestattung ausgesucht haben. Manch kleiner Diamant, der aus der Asche der Verstorbenen gepresst worden war, ist ebenso im Boden beigesetzt. Viele Lücken zwischen den herkömmlichen Gräberfeldern zeugen von Grabauflösungen. Kein Grab ist mehr für die Ewigkeit angelegt.

An einem dieser Gräber, das kürzlich eingeebnet wurde, sät ein Friedhofsgärtner Grassamen in den mit Humus vermischten Grabaushub. Er weiß, dass die „ewige Ruhe" im Schnitt nur zwölf Jahre dauert, genau wie in diesem ehemaligen Grab. Winzige Knöchelchen im Aushub stören ihn nicht. Das ist normal und lässt sich nicht vermeiden. Bald wächst ja sowieso Gras darüber.

Am Grab nebenan wirft ihm eine Frau um die Fünfzig und in dunkler Kleidung einen Blick zu. Auf dem Stein vor ihr sind der Name und das Todesdatum eines Mannes eingraviert. Der Mann im Grab, an dem die vermutliche Witwe trauert, ist in diesem Jahr verstorben.

Die hübschen großen Augen der Frau sind gerötet. Von Tränen, und, wie der Gärtner bei sich denkt, vielleicht vom Heuschnupfen. Der Tod ist sein tägliches

Geschäft. Hundertfach sieht er solche Witwen und Witwer im Jahr. Sie ist zur Routine geworden, die Friedhofspflege im Jahreskreislauf, wenn früh im Jahr der Duft von Bärlauch an den Friedhofsmauern aufzieht. Oder kurz darauf wie jetzt Gras angesät wird, Rasenflächen gemäht und Äste der Baumgräber zugeschnitten werden müssen.

Der Gärtner sieht den Mann nicht kommen, der nun der Frau wegen der gebotenen Vorsicht mit Abstand von hinten über die Schulter sieht. Was er ihr zuflüstert, kann er nicht hören. Es ist ihm sowieso egal. Zuerst heulen sie sich die Augen aus, denkt er boshaft, und irgendwann siehst du sie hier nicht mehr, weil sie sich anderweitig trösten lassen. Ist ein Bube aus dem Spiel, zieht man eine neue Karte, vielleicht ist es ja ein König. Der Gärtner zieht ein wenig Rotz zurück in seine Nase. Oder ein As. Ja, der Friedhof stiftet viele neue Paare.

Er klemmt sich Schaufel und Rechen unter die Achsel, nimmt die Gießkanne und geht. Kommt ihm der Witwentröster von vorhin nicht bekannt vor?

5) 18. KW

Kommissar Kreutz bedankte sich bei Karlo Özogun und seinen Leuten von der Kriminaltechnik, bevor sie ihn allein in der Wohnung und gleichzeitig der Praxis von Sabine Stern zurückließen. Da ein Verbrechen nicht ausgeschlossen werden konnte, hatte er die Sicherung tatrelevanter Spuren in den Räumlichkeiten der Heilpraktikerin angeordnet.

Frau Stern hatte keine Joggingkleidung getragen, als sie auf dem leicht ansteigenden Weg an der Böschung des östlichen Innufers bei Leonhardspfunzen den Spuren nach zu urteilen ausgerutscht und den fast senkrechten Abhang hinabgestürzt war. Hatte sie nur einen Spaziergang gemacht? War sie dabei allein gewesen? Zahlreiche Fußspuren von Wanderern dort machten eine eindeutige Zuordnung für eine weitere Person zur selben Zeit unmöglich. Hatte sie jemand getroffen? Und vor allem, könnte jemand sie gestoßen haben?

Sie wohnte und arbeitete in der Innenstadt. Kreutz ging den Weg von hier zum Fundort der Leiche in Gedanken durch. Mit dem Auto fuhr man über die Innstraße und die Innbrücke stadtauswärts. Nach der Brücke nach links. Auf der Ostseite des Flusses und parallel dazu ein Stück geradeaus durch den Ortsteil Hofau flussabwärts. An der nächsten Weggabelung rechts ab, vom Fluss weg. Jetzt befand man sich auf der Innleitenstraße. Die bog nach etwa zweihundert Metern links ab und verlief dann unterhalb einer steil aufragenden, bewaldeten Böschung weiter nach Norden. Vier- bis fünfhundert Meter vor den St. Leonhards-Quellen und bis zu einer Gastwirtschaft wurde die Straße zum Mühltalweg.

Gefunden wurde die Leiche auf halbem Weg dorthin.

Weit oberhalb der Straße, an der Hangkante entlang, schlängelte sich der sogenannte Hangleitenweg. Von diesem Weg aus war Frau Stern nach unten gestürzt. Also: oben der Weg, unten die Straße, dazwischen jede Menge Bäume und Sträucher, aber auch Felsbrocken und Steine.

Der Wagen von Frau Stern stand noch in der Tiefgarage des Hauses, in dem sich ihre Praxis befand. War sie von dort bis über die Innbrücke und über den

Hangleitenweg zu Fuß unterwegs gewesen? War sie abgeholt worden? Oder war sie verabredet gewesen und hatte sich ein Taxi genommen, um anschließend dort einen Spaziergang zu machen? Kreutz musste die Taxiunternehmen befragen. Ja, das Wetter hätte gepasst. Ein warmer Frühlingstag, die Bäume trieben aus, Vogelgezwitscher. Wen hatte sie getroffen?

In ihren Patientendateien fanden sich aktuell siebzehn Frauen, die sich von Sabine Stern wegen unterschiedlicher Beschwerden hatten ganzheitlich behandeln lassen. Nur vier Männer suchten Hilfe bei der Heilpraktikerin. Ob sich Frauen lieber auf alternative Arten der Behandlung einlassen, anstatt Mediziner aufzusuchen, überlegte der Kommissar. Oder waren Männer einfach nur geiziger?

Die Sitzungen bei Frau Stern kosteten laut ihren Abrechnungsdateien ein halbes Vermögen, vor allem, wenn man sie regelmäßig in Anspruch nahm. Konnte bei einer oder einem der Patienten ein Motiv darin zu finden sein? Wucher? Wohl eher nicht. Die wussten ja hoffentlich vorab, welche Kosten auf sie zukamen.

Der Kommissar schaute sich die gerahmten Zertifikate an den Wänden der Praxis an. Die Dame schien als Heilpraktikerin kompetent und in einigen Bereichen spezialisiert gewesen zu sein. Spannungsauflösungen, Akupunktur zum Abnehmen bei Adipositas, Stressbehandlung und Hypnose bei Allergien waren die Hauptgebiete von Frau Stern gewesen. Kreutz zuckte die Schultern und schniefte, als er das Wort Allergien las.

„Scheiß Birken", murmelte er und fragte sich, ob Hypnose tatsächlich seine Beschwerden lindern würde. Jedenfalls nicht mehr mit Unterstützung von Frau Stern.

Konnte unter ihren Patienten jemand sein, mit der oder dem sie sich näher befasste? Hatte sie eine Beziehung zu einem oder einer ihrer Kunden und Kundinnen gehabt? Aber die unverheiratete und kinderlose Frau konnte ebenso im Kollegenkreis ihr Glück gefunden haben, oder bei jemand, der überhaupt nichts mit ihrem Beruf zu tun hatte. Das mussten sein Kollege Walter und auch Sandra Thaler, in seinem kleinen Team die Kommissar-Anwärterin im Praktikum, herausfinden. Und dann? Als einziges Indiz war bis jetzt das womöglich von einem Täter oder einer Täterin abgeschnittene Haar der Toten. Konkreteres dazu wird sich noch ergeben, glaubte Kriminalkommissar Kreutz aus seiner, wenn auch kurzen Erfahrung als Ermittler. Und was machte er dann mit diesem Glauben?

Er erinnerte sich an einen ähnlichen Vorfall, der sich im Herbst des Vorjahres zugetragen hatte. Der fünfzigjährige Markus Hirschbichler aus Bad Endorf, zwischen Rosenheim und dem Chiemsee gelegen, war auf dem etwa acht Kilometer langen Weg zum See mit dem Mountainbike gestürzt. Ein Ast, von dem noch ein dickes Stück zwischen den Speichen gesteckt hatte, hatte sich auf dem wenig frequentierten Waldweg im Vorderrad verfangen. Markus Hirschbichler war über den Lenker und in freiem Fall den dortigen Hang hinabgestürzt. Trotz Helm hatte er dabei so schwere Kopfverletzungen davongetragen, dass er nach vier Tagen im Koma im Krankenhaus verstorben war.

Damals waren ebenfalls und kurzzeitig Zweifel an einem Unfall aufgekommen. Spuren an der Absturzstelle hatten auf weitere anwesende Personen hingedeutet. Aber Hinterlassenschaften wie eine angerostete Bierdose, Rad- und sogar menschliche Kotspuren waren älter und vom Regen verwaschen gewesen.

Wie bei der Heilpraktikerin hatten sich Dr. Baumgartner und der Kommissar damals über den neuen, ungewöhnlichen Haarschnitt des Schwimmmeisters gewundert, den er sich womöglich selbst verpasst hatte. Die Bad Endorfer Therme hatte einen langjährigen Beschäftigten verloren. Seine Kollegen hatten ausgesagt, dass Markus öfter mal ein neues Outfit ausprobiert hätte. Trotz seiner fünfzig Jahre habe er sich den Mut zu unkonventioneller Privatkleidung und für strähnige Frisuren behalten. Während des Corona-Lockdowns, als alle Friseure geschlossen hatten, habe er sich freilich wie viele andere die Haare selbst geschnitten und das vielleicht danach beibehalten. Das hatte Kreutz damals als Erklärung genügt. Dennoch ...

Kreutz erinnerte sich, dass der Privatdetektiv Michael Warthens mit Markus H. befreundet gewesen war. Der Kommissar hatte den Rosenheimer Detektiv im November über die privaten Lebensumstände des Schwimmmeisters befragt. Er musste den Schnüffler noch einmal vorladen.

Jetzt aber waren Sandra und Walter am Zug. Siebzehn Frauen, vier Männer mussten befragt werden. Das konnte mal wieder dauern.

Kreutz zog die Tür der Praxis im Parterre des modernen Wohn- und Geschäftshauses in der Innenstadt von Rosenheim zu und klebte das polizeiliche Verschlusssiegel oberhalb der Türklinke an. Nach der kriminaltechnischen Spurensicherung durfte niemand, der nichts mit den Ermittlungen zum Todesfall der Heilpraktikerin zu tun hatte, deren Räume betreten.

6) DER DETEKTIV MICHAEL WARTHENS

Telefonierte mit Kommissar Kreutz, dem Ermittler bei Tötungsdelikten und unklaren Ursachen von Todesfällen.

„Die Todesursache stand doch fest!" Der Kommissar bejahte.

„Aber ich hätte nachträglich noch ein paar Fragen zum Unfall von Markus Hirschbichler." Er bestellte den Rosenheimer Privatdetektiv ins Präsidium.

Grundsätzlich hatte Michael nichts gegen die Polizei. Mit der Zusammenarbeit aber haperte es neuerdings ein wenig. Gelinde gesagt. Ein knappes Jahr war es her, dass er, wenn auch nicht in Rosenheim, wegen seiner Aufklärungshilfe für die Kripo beinahe draufgegangen wäre. Und mit KK Kreutz, einem der Nachfolger des pensionierten Hauptkommissars Obermeier, konnte er gar nicht. Das lag nicht nur am Altersunterschied von etwa dreißig Jahren, sondern besonders daran, dass Kreutz Michael einmal des Mordes verdächtigt hatte. Nun wärmte der Schnösel, oder wie Michael ihn heimlich auf bairisch titulierte, der Kletz'nbeni, den Unfall erneut auf. Warum?

Markus Hirschbichler hatte sich mit Michael mehr oder weniger angefreundet. Der ledige Markus aus der Bad Endorfer Therme, wo Michael ab und zu sauniert hatte, war einer der seltenen männlichen Kunden von Michaels Freundin Conny gewesen. Offenbar hatte der Badmann, wie Conny ihn immer nannte, einen Hang zum Esoterischen. Leider hatten ihn die Beratungen bei Conny nicht davor gewarnt, an seinem Unfalltag den Waldweg zu befahren.

Conny und Michael hatten später oft über Markus' Unfall gesprochen. Nicht, dass Markus' Tod Michael kalt gelassen hätte. Als Detektiv versuchte der über Sechzigjährige den Sturz im Wald naturgemäß als sachlicher Ermittler zu sehen. Conny dagegen haderte mit dem Schicksal ihres Freundes und Kunden und hatte deswegen oft mit Tränen gekämpft.

Markus hatte ihm mal verraten, die zukunftsorientierten Gespräche mit Conny würden ihm mehr helfen, als so manche Termine bei Psychotherapeuten. Was genau sie dabei besprochen hatten, erfuhr Michael nie. Conny Linden sah sich der Verschwiegenheit verpflichtet, fand Michael, als wäre sie ans Beichtgeheimnis gebunden.

„Was es ja annähernd ist“, hatte seine Freundin mit den rotblonden Haaren und den hellen Sommersprossen Michael aufgeklärt.

Michael stand am Fenster seines Büros und betrachtete das Treiben auf dem Rosenheimer Ludwigsplatz, wo sich jetzt um halb zehn am Würstelstand die Leute drängten. Milchwaffeln zur Brotzeit setzen sich bei uns nie durch, grinste sich Michael eins und bekam Hunger auf eine warme Leberkäsesemmel. (Natürlich sagte er nicht Leberkäsesemmel, sondern Leberkaas-Semme). Kaum gedacht, klingelte sein Handy erneut.

„Berti!“, tat er erfreut. Seine Tante, über achtzig, war zwar geistig frisch wie ein junges Dingerl, wie sie selbst sagen würde. Ihr Körper allerdings baute zurzeit mächtig ab. Ob es umgekehrt besser gewesen wäre, ließ Michael dahingestellt. Nichtsdestotrotz war sie von einer Corona-Ansteckung, was in ihrem Alter fatal hätte enden können, verschont geblieben. So lange ihn seine letzte lebende Verwandte noch nervte, war seine Welt in Ordnung.

„Was verschafft mir die Ehre deines Anrufs?“

„Michi, red ned blöd daher.“ Die frühere Sennerin, die jahrzehntelang auf einer Alm gearbeitet hatte, nahm selten ein Blatt vor den Mund. „Kommst du heut Mittag zum Essen, oder möchst dir wieder den Magen mit so einem asiatischen Nudelzeugs verderben!“

„Was gibt’s denn?“

„Knödlgröstel …“

Michael lief das Wasser im Mund zusammen.

„Mit Ei und Kopfsalat dazu?“

„Freilich mit Oar“, korrigierte ihn Berti.

Das würde sich Michael nicht entgehen lassen. Aber: „Zuerst muss ich in die Polizei-Inspektion.“

„Geh“, Berti hörte sich an, als redete sie ohne ihr Gebiss im Mund, „hast was ang’stellt?“

7) 17. KW

Wenn die Glöcklein läuten versammelten sich zuvor Angehörige, Freunde, Kollegen und Bekannte an der Aussegnungshalle, in der die kürzlich Verstorbenen oder deren Urnen aufgebahrt sind.

Zum Trauerzug beginnen die zwei Glocken im Türmchen über der Halle zu läuten. Der Gärtner weiß, wohin die Reise nun geht: Mehr oder weniger weit über die Wege zur letzten Ruhestätte, die er zusammen mit dem Bestattungsinstitut zuvor gestaltete. Kränze und Blumen rahmen jetzt das rechteckige Loch, das er mithilfe eines Minibaggers ausgehoben, die Seitenwände vor dem Einstürzen gesichert und mit Stoff ausgekleidet hat. Manchmal ist es dünnes Tuch, verziert mit aufgesteckten Nelkenköpfen. Andere Auftraggeber bevorzugen feste violette Textilien. Selten kommen helle Farben vor. Immer nur dunkle, düstere Farbtöne bis hin zu Schwarz, die Farbe der Trauernden. Nach dem Elend mit dem Corona-Virus sind es nun wieder weniger, die ihre Toten beweinen müssen.

Während die Glöcklein läuten, stützt er sich auf den Spatenstiel und sieht von weitem dem Marsch zum Grab zu. Eigentlich muss er einen abgestorbenen Lorbeerstrauch in einer Hecke ersetzen. Ja, manchmal sterben gleichermaßen die Bäumchen auf dem Friedhof, denkt er und schnieft auf. Die Gewächse sind ihm vertraut und ans Herz gewachsen. Über einen abgestorbenen Baum ist er oft trauriger als über das Schicksal derer, für die er den Minibagger startet.

Bald ist Schluss für ihn. Der Gärtner ist einer der letzten seiner Zunft auf diesem städtischen Friedhof. Die Verwaltung beschloss, keinen Nachfolger für ihn einzustellen. Firmen mit Leiharbeitern werden in Zukunft das Rasenmähen, die Flächen- und Baumpflege übernehmen. Sie werden schon sehen, wie's dann hier ausschaut, denkt der ergraute Mann in grüner Latzhose. Die Leute werden sich beschweren, wenn ihnen die Grünstreifen mit all dem Unkraut bis ans teure Grab wuchern.

Noch immer läuten die Glocken zum letzten Geleit. Wenigstens können wieder Beisetzungen ohne Anzahl-Beschränkung der Trauernden stattfinden. Nicht wie zur Corona-Zeit, als die Versammlungsbeschränkungen galten. Manchmal, bemerkt der Gärtner mit all seiner Erfahrung, gibt es seither wieder Leute, die lassen keine Beerdigung aus. Und tatsächlich, da ist einer, den er schon oft auf Beerdigungen gesehen hat. Er weiß natürlich, dass sich manche entfernte Verwandte eine Mahlzeit beim anschließenden Leichenschmaus erschleichen.

„Na, wer's mag", flüstert er zu sich selbst und sticht den Spaten unterhalb der toten Zweige des Lorbeers in den Boden. Die Glöcklein sind verstummt. Doch der Mann, der der Trauergesellschaft gefolgt war, er bleibt noch eine Weile, nachdem das frische Grab wieder verwaist ist. Seltsam. Kaum jemand verzichtet auf den kostenlosen Leichenschmaus.

8) 18. KW

Michael war von seinem Büro am Ludwigsplatz die kurze Strecke zum Präsidium zu Fuß gegangen. Die Fassadenfarbe der Kriminalpolizei-Inspektion an der Rosenheimer Kaiserstraße erinnerte Michael an verkochten Spinat. Genau wusste er nicht, wo er dort hinein musste, um Kommissar Kreutz zu sprechen. Um die Ecke in die Polizeiinspektion an der Ellmaierstraße? Nein, wahrscheinlich doch in die Kriminalpolizei-Inspektion. Er hatte zwar schon einmal ein wenig spaßiges Vergnügen mit dem jungen Kommissar gehabt, trotzdem erinnerte er sich nur vage, wie er zu Kreutz' Büro gelangt war, der seinen Ermittlungen damals noch in der zweiten Etage nachging. Michael fragte eine Polizistin, die an ihm vorbeieilte und die Tür öffnete, wo er Kommissar Kreutz finden würde.

„Die Kriminalfachinspektion und Kommissar Kreutz sind im dritten Stock", erfuhr Michael. Aha, aufgestiegen. Da war sie wieder, die Erinnerung an die Kriminal-Hauptkommissare und KKs, mit denen er bis jetzt zu tun gehabt hatte.

Seit seinem künstlichen Koma, das ihn nach einem Einsatz für die Polizei in Hannover in einer niedersächsischen Klinik festgehalten hatte, konzentrierte er sich mehr auf das Hier und Jetzt, als auf die Vergangenheit. Sicher wusste er noch alles, angefangen von seiner Kindheit bis zu den Fällen, die er in den letzten Jahren gelöst hatte. Schreckliche Morde waren darunter gewesen, und manchmal verdrängte er aufkommende Gedanken daran im Moment einfach. Zu schrecklich waren manche gewesen, als dass er sie sich immer wieder neu vorzustellen wagte. Seine letzten Verletzungen hatte er zwei Kriminellen zu verdanken, Handlanger bei einer infamen politischen Intrige, die im ganzen Land und darüber hinaus für Schlagzeilen gesorgt hatte.

Schwamm drüber, sagte Michael sich, wenn sich die Erinnerung daran allzu aufdringlich bemerkbar machte. Mit über sechzig konnte er noch immer vorwärtsschauen. Er war fit, besaß mit Conny eine richtig gute Freundin. Und seine Tante Berti liebte er genauso wie sie ihn. Manchmal wenigstens, dachte er an seine oft grimmig wirkende alte Tante, die ihn mal wieder mit einem Essen lockte, mit dem er seine Kinder- und Jugendzeit schmeckte. Aber zuerst musste er zum Kommissar.

„Setzen Sie sich, Warthens." Das klang wie ein Befehl. Kreutz' Arbeitsplatz befand sich in einem Großraumbüro und bestand aus einem Schreibtisch inmitten anderer Schreibtische, auf denen PC-Bildschirme angeschaltet waren. Auf einigen standen zwei Monitore nebeneinander, so wie auf dem von KK Kreutz. Dessen Wirkungsbereich lag direkt am Fenster zum Innenhof der Inspektion. Von dort konnte der Kommissar das ganze Großraumbüro überschauen.

Michael warf einen Blick aus dem Fenster. Gegenüber konnte er das Gebäude des Polizeipräsidiums Oberbayern Süd sehen. Telefone läuteten, und mehrstimmiges Gemurmel schwirrte in der staubig-trockenen Luft, was Michael als nicht unbedingt förderlich fürs Wohlbefinden empfand. Wohlfühlen bei der Polizei geht sowieso gar nicht, sagte er sich, und laut betonte er: „Herr, Herr Kommissar. Herr Warthens, bitte."

Der Tadel musste sein. Wäre ja noch schöner, sich vom jungen Kletz'nbene anreden zu lassen wie einst vom Fast-Pensionisten KHK Obermeier.

„Ja", sagte Kreutz den Luftverhältnissen entsprechend trocken. „Danke, dass Sie gekommen sind."

Geht doch.

„Also, Herr Warthens, wie Sie schon wissen, geht es um den Unfall von Markus Hirschbichler, dem Bademeister aus der Endorfer Therme."

Erneut musste Michael etwas berichtigen: „Markus hat immer betont, dass er Fachangestellter für Bäderbetriebe sei. Schwimmmeister ginge als Anrede gerade noch. Bademeister hörte er nicht so gern."

„Na gut". Kreutz hob kapitulierend beide Hände und schnaubte aus. „Bleiben wir beim Namen Hirschbichler, wenn's recht ist. Wie ich merke, waren Sie mit ihm sogar sehr gut bekannt, wenn Sie schon seine Berufsbezeichnung so genau kennen." Er zog seine hellen Brauen zusammen und sah Michael erwartungsvoll an.

„Ja, wir waren so was wie Freunde, das stimmt schon."

„Dann wussten Sie über seine Extravaganz. Jede Woche eine neue Frisur, flippige, vielleicht unpassende Kleidung für einen über Fünfzigjährigen …?"

Michael vermied es, die Arme zu verschränken, was ihm als Abwehr ausgelegt werden konnte. Locker legte er die Hände im Schoß übereinander.

„Markus hatte Sinn für Mode, ja", erinnerte er sich, „und er färbte sich manchmal die Haare. Ist ja nichts Besonderes, oder?"

Warum fragte Kreutz danach? Und überhaupt: „Wieso ermittelt eigentlich Ihre Abteilung? Sie sind doch vom Mord?"

„Mord und Tötungsdelikte, Herr Warthens". Kreutz holte tief Luft. „Sie sind Privatermittler. Ich weiß über Sie, dass Sie sich gerne in Fälle verbeißen, die Sie im Grunde nichts angehen. Ich meine nur, dass Sie bitte Verständnis haben, wenn ich Sie über die Gründe für Ihre Befragung nicht komplett informieren werde."

„Was wollen Sie denn wissen? Und warum?"

„Sehen Sie, Warthens, Herr Warthens, wie Sie am Telefon schon sagten, standen die Todesursache und der Unfallhergang bei Hirschbichler fest. Es gibt aber neue Anhaltspunkte, die einen selbstverschuldeten Unfall ausschließen könnten."

Michael zuckte zusammen und verschränkte krampfartig die Finger in seinem Schoß.

„Mord?"

„Darum sagte ich könnten. Wir gehen bei Hirschbichler nur neuen Aspekten nach, die sich aus einem anderen Todesfall ergaben. Da läuft noch viel Wasser den Inn hinunter, bis wir wissen, ob da überhaupt was dran ist. Deshalb müsste ich Ihr Wissen über Hirschbichler überprüfen."

„Wieso meins? Ich bin Detektiv, geprüfter Detektiv genauer gesagt, denn ich mach' das seit Jahren nicht nur so, sondern absolvierte eine Aus- und Fortbildung bei der Zentralstelle für die Ausbildung im Detektivgewerbe und bei der IHK. Nur, damit das klar ist. Es gibt sogenannte natürliche Todesfälle oder Unfälle, bei denen ich sofort denke, dass es sich ebenso gut um Mord, vielleicht auch Selbstmord handeln kann."

„Ich weiß jetzt nicht", unterbrach ihn der Kommissar, „worauf Sie hinauswollen. Genau deswegen frage ich ja Sie, und nicht noch einmal seine Kollegen oder die Verwandten, die selbst kaum Kontakt zu ihm gehalten haben …"

Will er mein Fachwissen testen, argwöhnte Michael.

„… sondern Sie, ob Sie irgendeine Ahnung haben, warum jemand Markus Hirschbichler hätte töten wollen? Hatten Sie irgendwann der Eindruck, oder hat Sie ein Verdacht beschlichen, dass ihm jemand auflauerte und ihn zu Sturz brachte?"

„Am Anfang schon." Michael versuchte, sich in die Zeit um Markus' Tod zurückzuversetzen. „Ja, das war damals sogar mein erster Gedanke gewesen, einer, der mich bei so was selten getäuscht hat. Markus war ja sportlich, ein guter Radfahrer. Ich habe damals schon ein wenig recherchiert, war aber gerade aus der Reha zurück und noch nicht ganz fit. Und dann haben Sie und Ihre Leute, nach gründlicher Ermittlung nehme ich an, den Fall abschließend und eindeutig als Unfall eingestuft. Manchmal muss halt auch ich der Polizei glauben." Michael legte ein bedauerndes Lächeln auf und fuhr fort: „Also, dass jemand aus seinem Kundenkreis, ein Badegast zum Beispiel, so verärgert über ihn war, dass er sich die Mühe machte, ihn so spektakulär umzubringen? Also naa, das habe ich damals schon hinterfragt. Und zum Vererben hat er wahrscheinlich eh nichts gehabt, was sich gelohnt hätte. Aber das wissen Sie bestimmt besser."

Kreutz schüttelte den Kopf.

„Aber Sie hielten Mord für möglich?"

„Mein Bauchgefühl hilft Ihnen sicher nicht weiter, oder, Herr Kommissar? Und was sind denn das für neue Aspekte, die Sie zweifeln lassen?"

„Das werde ich Ihnen sicher nicht auf die Nase binden, Sie geprüfter Detektiv."

„Ich könnte helfen."

„Ja, mit einer Aussage, warum Sie damals an Mord glaubten."

„Wie gesagt, Bauchgefühl."

Kreutz verzog den Mund.

„Unser Gespräch war natürlich streng vertraulich, und es ist jetzt beendet."

„Wenn Sie noch Fragen haben, meine Telefonnummer kennen Sie ja."

Draußen lud die vom stehenden Verkehr an der Kreuzung Kaiserstraße-Ellmaierstraße von Abgasen stickige Luft Michael nicht unbedingt zum Durchatmen ein. Markus war Kunde von Conny gewesen. Vermutlich hatte ihn etwas belastet, weshalb er eine Lebensberatung brauchte. Irgendetwas musste Conny über ihren Kunden wissen. Wahrte Markus ein Geheimnis, das jemand zum Töten trieb? Trotz ihrer selbstauferlegten Verschwiegenheitspflicht würde Conny nach über einem halben Jahr doch darüber reden können. Michael musste sie unbedingt treffen. Ob er dann Kreutz, den Klezt'n, einweihte, würde er sich danach überlegen.

Aber jetzt gab es erstmal etwas Gutes zu essen bei Tante Berti.

9) 17. KW

Am frühen Nachmittag läuten wieder die Glocken. Über den Friedhof ziehen kleine, weiße Wolken, die sich im Wind in nichts auflösen. Der Föhn aus den Bergen bringt warme Luft mit. Die Menschen, die dem Verstorbenen die letzte Ehre erweisen, beginnen beim Trauerzug zu schwitzen. Vormittags war es noch recht kühl, und alle tragen deshalb warme Jacken und Mäntel. Mit Föhn rechnete keiner. Man will aber auch nicht pietätlos erscheinen und die Krawatte lockern oder die Hemdärmel aufschlagen, nachdem man schon den Mantel oder die Jacke über dem Arm trägt. Tapfer erdulden alle den Trauerzug und die passend zur Ewigkeit ellenlangen Reden der Vereinsvorstände.

Zwischen den Reden spielt die Kapelle traurige Musik, und wieder wird ein Kranz zu den bereits niedergelegten platziert. Plötzlich zuckt die Gesellschaft zusammen. Viele rechneten nicht mit Böllerschüssen. Doch knallende Böller nahe dem Grab dröhnen in Brust und Kopf.

Da möchte wohl jemand, dass es gleich wieder eine Leich' gibt, feixt der Friedhofsgärtner. Er belädt den Kiesbehälter am Friedhofseingang. Dort können sich die Grabeigner Kies für die Grabumrandung holen. Früher, als fünf, sechs festangestellte Mitarbeiter den Dienst auf dem Gottesacker Rosenheims taten, gehörte das zum Service der Verwaltung. Jetzt werden Fremdfirmen in immer größer werdenden Abständen für die Arbeiten beauftragt, die er alleine nicht mehr schafft.

Die Beerdigung ist vorbei. Schwarz gekleidete Frauen und Männer jeden Alters strömen zum Ausgang. Es eilt. Zum Leichenschmaus im großen Saal einer Wirtschaft möchte man einen Platz ergattern, an dem man vom Kellner nicht ständig übersehen wird.

Der Gärtner steht hinter einem Grabstein in Hörweite und bekommt das eine oder andere Gespräch mit.

„Wir sind vielleicht die Nächsten", sagt eine gebeugte alte Frau zu ihrer Begleiterin.

Vielleicht hat sie recht, schmunzelt der Gärtner, weil die zweite alte Dame widerspricht: „Naa, i g'wiss ned!"

Als letzter der Trauernden folgt der Dauergast auf seinem Friedhof. Immer wieder dieser Mann. Er kleidet sich angemessen in dunkle Farben. Ist er wirklich denen verbunden, die an diesem für sie so schweren Tag an einem offenen Grab zusammenstehen? Er wirkt wie ein Anhängsel der Trauergesellschaft, immer in der letzten Reihe und mit gesenktem Kopf. Am nächsten zum Sarg oder der Urne versammeln sich üblicherweise die Angehörigen ersten Grades, dann weitere Verwandte. Es folgen ehemalige Arbeitskollegen und -kolleginnen, Nachbarn, Bekannte – und dann: er.

10) 18. KW

Kreutz atmete tief durch. Der Warthens konnte manchmal ein richtiges Arschloch sein. Klar, mit Sicherheit hob er sich von manch mittelmäßigen oder gar unfähigen Schnüfflern ab. Die bewegten sich oft am Rand der Legalität bei ihren sogenannten Ermittlungen, hatten mäßigen Erfolg trotz überschrittener Kompetenzen und verlangten dabei Honorare, von denen er als junger Beamter nur träumen konnte. Es war diese Freiheit, die den Privaten zur Verfügung stand, ärgerte sich Kreutz. Sie waren nicht in ein enges Korsett von Befehlen und Dienstanweisungen gezwungen. Aber ans Gesetz halten, das mussten sich die Damen und Herren Detektive gefälligst. Warthens genauso. Wenn der etwas wusste, das zur Aufklärung des möglichen Mordes an Hirschbichler beitrug, durfte er das nicht verschweigen. Sonst hatte ihn Kreutz dieses Mal wirklich am Wickel.

Nicht wie bei dem Fall, wo man Warthens hereingelegt hatte, und Kreutz ihn fälschlicherweise des Mordes verdächtigt hatte. Gut, anschließend hatte der Detektiv zur Aufklärung der wahren Umstände beigetragen. Wenigstens war der Mann nicht nachtragend.

Was sich der ältere Herr dann in Hannover geleistet hatte, war in Kreutz' Augen eine gewaltige Dummheit gewesen. Der dort zuständige Kommissar hatte den Privatmann für eine Finte benutzt, um zwei Mörder dingfest zu machen. Das war gewaltig schiefgegangen. Warthens war von den eigentlich überwachten Verdächtigen so unerwartet schnell angegriffen und mit Messern verletzt worden, dass er wochenlang ins künstliche Koma versetzt werden musste. Dass es dem Schnüffler wieder so gut ging, war natürlich erfreulich. Trotzdem sollte er professionell genug sein, sich an Gesetze zu halten. Sonst …

Kreutz rief sein Team, Kriminalhauptmeister KHM Walter Kohlbeck und Kommissar-Anwärterin Sandra Thaler, zum Briefing. So schnell wie möglich sollten sie die Patienten der Heilpraktikerin Frau Stern überprüfen. Adressen, Berufe, Familienverhältnisse et cetera pp.

„Kontrollieren Sie deren Aufenthaltsorte", wies er die beiden kurz an, „und dann filtern Sie das Netz nach allem, was Sie über die Leute finden können. Facebook, Twitter, Instagram und das ganze Zeugs."

Sandra Thaler schnaubte wie ein Pferd durch die Lippen.

Der Kommissar sah sie scharf an.

„Am besten fahren Sie sofort hin zu den Patienten, von denen wir bereits wissen, wo sie wohnen, und befragen Sie sie. Haben Sie ein Problem damit?"

„Äh, nö. Das dauert aber eine Zeit."

„Dann verlieren wir keine", entschied Kohlbeck. Er war unwesentlich älter als Kreutz, arbeitete seit über einem Jahr mit dem Kommissar und wusste, dass Sandra den Kommissar nicht mit Widerspruch ärgern sollte. Entschlossen stand er auf und deutete Sandra mit dem Kopf, es ihm gleichzutun. Sandra schnappte sich die Patientenliste mit den Adressen, und beide machten sich auf den Weg, die Liste abzuarbeiten.

Kreutz sah ihnen mit Pokerface nach. Sandra würde schon eine gute Polizistin werden. Und Walter? Na ja.

Sein Telefon klingelte. Die Nummer kannte er nur zu gut.

„Hallo, Herr Staatsanwalt." Da Feldmann ihn kontaktierte und nicht er ihn, verspürte Kreutz ein Magengrummeln. „Warum habe ich die Ehre?"

Seine Miene hellte sich schlagartig auf.

„Das ist sehr gut. Ja. Großartig. Ich leite sofort alles in die Wege."

Ob er die Benachrichtigung von Hirschbichlers Angehörigen vornehmen sollte? Immerhin gibt es einen Bruder und eine Mutter.

11) Michael liebte

Die Miniwohnung seiner Tante. Das Apartment im Betreuten Wohnen Margarethenhof hatte sie lange nach dem Tod ihrer Schwester, die sie beerbt hatte, gekauft. Nach ihrem langen Leben als Sennerin war sie zwar total unglücklich über die fehlende Aussicht und die wenige Natur um sie herum, trotzdem hatte sie sich das gut überlegt ausgesucht. Irgendwann würde sie die Betreuung, für die sie mitbezahlte, voll in Anspruch nehmen müssen. Michael fürchtete, das könnte nicht mehr allzu lange dauern. Berti hatte ihren Achtzigsten seit drei Jahren hinter sich. Dafür war sie geistig erstaunlich fit. Aber neuerdings ächzte sie bei jedem Aufstehen vom Stuhl.

„Die Hüft'n", erklärte sie kurz und unmissverständlich. Dann lenkte sie gleich wieder ab, als wäre ihr der Schmerz peinlich. „Aber dein Dirndl kommt auch gleich."

Michael hatte sich daran gewöhnt, dass Berti mit Dirndl seine Freundin Conny meinte, die ebenso wie er kurz vor dem Rentenalter stand.

„Dann bleibst jetzt sitzen und ich deck den Tisch."

Geschirr und Besteck fand er mittlerweile blind. In der Pfanne brutzelten die Semmelknödelscheiben, über die Berti gefühlt einen ganzen Karton Eier geschlagen hatte, und der Kopfsalat musste nur noch mit Dressing angemacht werden.

„Kannst die Knödel einmal umdrahn", bat Berti, „dass die Oar eine Farb' annehmen."

„Freilich".

Michael stocherte in der Pfanne herum. Kochen war nicht unbedingt seine Sache. Aber Knödelumdrehen schaffte er. Beim Anblick der fast rohen Ei-Masse musste er unweigerlich an Kommissar Kreutz denken. Dessen Steckerlhaare, völlig lockenfrei, besaßen die gleiche Farbe wie das Eiergemisch in der Pfanne. Das oft rötliche Gesicht des jungen Kommissars erinnerte Michael an KHK Obermeier, den jetzigen Pensionisten. Ob Obermeier in jungen Jahren ähnlich ausgesehen hatte, fragte er sich. Ob Kreutz, der untersetzte, nicht gerade große

Kriminaler, ebenso dem Silvaner zugeneigt war, wie der alte Oberfranke es gewesen war?

Michael fand, sein letztes Gespräch mit Kreutz über Markus war seltsam verlaufen. Eigentlich hatte er nichts gesagt, was dem Kommissar weiterhelfen konnte. Trotzdem hielt sich Kreutz den Detektiv warm, wie man so schön sagte. Das Gefühl, dass hinter der Zurückhaltung des Kommissars mehr steckte als ein vager Verdacht, ließ Michael nicht los.

Berti vertrieb sich, an den Tisch gefesselt, die Zeit mit der Tageszeitung.

„Da schau her", sagte sie mehr zu sich, denn zu ihrem Neffen, „da brauch' ich jetzt nimmer hingehn."

„Wohin?"

„Zur Stern. Die hat's derwischt." Michael verstand nur Bahnhof.

„Ha?"

„Mei, erwischt hat's die Heilpraktikerin, die wo mit denen alten Hausmitteln arbeitet, die ich ihr verraten hab. Sie hat dafür net ganz so viel verlangt von mir, für ihre Behandlung. Und jetz' ist sie tot."

„Was?"

Michael legte den Pfannenwender zur Seite und schaute Berti über die Schulter.

Stephanskirchen: Die beliebte Heilpraktikerin Sabine Stern verunglückte in der Nähe des Guts Innleiten bei einer Wanderung. Der Sturz über das steile Gelände endete tödlich für die 36-Jährige.

Obwohl laut Pressesprecher der Polizei keine konkreten Anhaltspunkte für ein Fremdverschulden vorliegen, wartet man das Endergebnis der Obduktion ab. Wir berichten weiter.

Davon hatte Kreutz kein Wort gesagt. War der Unfall dieser Frau jener neue Anhaltspunkt, den Kreutz wegen Markus erwähnt hatte? Ein Sturz über steiles Gelände! Wie bei Markus!

„Und du warst bei der in Behandlung?"

Berti nickte. Es klingelte. Sie versuchte, aufzustehen.

„Das wird die Conny sein."

Michael drückte sie zurück auf den Stuhl.

„Ich geh' schon."

12) 17. KW

Abartig war das, 1977. Seit dem Beginn seiner Ausbildung bei der Stadtgärtnerei waren ein paar Monate vergangen. Probezeit bestanden, freute er sich. Nur selten ging es dabei zum Friedhof. Ab dem Frühjahr zum Gießen höchstens, weil es wieder zu trocken war. Dann stanken die Gullys wie Pest und Verwesung. Wenn der Wind ungünstig wehte, war der Gestank vom Klärwerk her kaum auszuhalten. Damals entließen ein Molkereibetrieb und ein Schlachthof ihre Abfälle noch in die Kanalisation. Wenn beides zusammenkam, stank die Mischung aus Milch, Blut- und Fleischabfällen nicht nur zum Himmel. Über der gesamten Stadt lag der Geruch von Tod und Verwesung.

Der Gärtner erinnert sich heute mit bissigem Grinsen daran. Er wurde abgelöst vom Gülleduft der umliegenden Bauernhöfe – aber das ist eine andere Geschichte.

Ab und zu steigt ihm aber bis heute Verwesungsgeruch in die Nase. Wo er herkommt, weiß er oft nicht. Vielleicht bildet er sich nur ein, den Tod zu riechen. Angesichts der Grabstätten, aufgebahrten Leichen und Grabaushüben spielt ihm sein Geruchssinn womöglich Streiche. Doch dann fällt ihm immer ein, wie das war, 1977:

Ein Frühlingstag wie dieser hier und heute. An seine zukünftigen Kollegen, die ihn damals mit zum Friedhof nahmen, erinnert er sich genau. Verdammt früh um sechs Uhr musste er jeden Tag antreten. Die Sommerzeit sollte erst in zwei, drei Jahren eingeführt werden. Es wurde also schon im April und Mai früh hell in diesen Breiten.

Sie hatten einen Schlüssel für die Friedhofstore und fuhren mit dem Gießwagen einsam die öffentlich-städtischen Beete ab. Der Gärtner-Lehrling – der Begriff Azubi setzte sich erst später durch – seilte sich kurz ab, weil ihn die Blase unheimlich drückte. Er musste an der Aussegnungshalle vorbei, um sich im Gebüsch zu erleichtern. Warum stand die Tür zur Halle auf? Im offenen Sarg, in dem eine Leiche aufgebahrt liegen sollte, lag niemand. Im ersten Moment dachte er sich nichts dabei.

Dann bewegte sich ein Schatten hinter dem Rednerpult. Er sah genauer hin, machte zwei drei Schritte durch die Tür in den kleinen Saal mit den Stühlen links und rechts des Aufbahrungstisches. Er hörte ein Gurren wie das einer Taube. War aber keine. Etwas Lebendiges bewegte sich auf einem reglosen Körper.

Er war Lehrling, jung und ein wenig unbedarft, nicht dumm, aber man redete nicht über diese Dinge. Sexuelle Abartigkeiten, kranke, schmutzige Sachen, die heute in jedem Handy zu finden wären, wenn man denn danach suchte. Sein Atem stockte. Er kapierte, was da vor sich ging. Seine Hose wurde nass. Hatte er doch dringend gemusst, aber nicht so. Der Mann auf der weiblichen Leiche sah auf. Das Gesicht vergaß der junge Mann nie wieder, diesen Ausdruck von Schreck, Lust und Wahnsinn.

Nur weg von hier, dem Drang zum Fliehen nachgeben, zurück durch die aufgebrochene Tür, in die Arme der älteren, erfahrenen Gärtner.

Hastig erklärte er ihnen, was er gesehen hat. Sofort reagierten die beiden, liefen zur Halle, rannten dem fliehenden Leichenschänder hinterher. Sie holten ihn ein, warfen ihn auf ein Grab am Wegesrand und hielten ihn fest.

Wann genau die Polizei kam, wer sie verständigte – er wusste es nicht mehr. Dass man das, was er gesehen hatte, Nekrophilie nannte, erfuhr er erst vor Gericht, wo er als Zeuge aussagen musste.

Das war so lange her. Jetzt, kurz bevor er den Rechen und die Schaufel für immer in die Ecke stellen wird, fällt ihm ausgerechnet das wieder ein.

Bestimmt ist es dieser merkwürdige Typ, der sich immer unter eine Trauergesellschaft mischt, der ihn an den Wahnsinnigen von damals erinnert. Doch der Verrückte war nach einem langen Aufenthalt in der Psychiatrie Jahre später selbst gestorben.

13) 18. KW

Etwas dagegen hatten der Bruder und die im Pflegeheim lebende Mutter von Markus Hirschbichler nicht. Staatsanwalt Feldmann hatte die Gründe für eine Exhumierung gründlich geprüft und anschließend eine zweite Leichenschau angeordnet. Unverzüglich hatte er die Exhumierung bei der Friedhofsverwaltung beantragt und mit Erfolg auf die Dringlichkeit hingewiesen.

Da es sich dabei um eine gerichtliche Sektion handelte, wäre die Zustimmung der Angehörigen nicht nötig gewesen. Widerspruch hätten sie sowieso nicht einlegen können. Dennoch benachrichtigte der Kommissar die zwei Verwandten. Der Zweck der erneuten Autopsie wurde dadurch nicht gefährdet. Auch davon überzeugte sich Kreutz noch einmal in den Vorschriften für eine solche Maßnahme.

Markus Hirschbichlers Leiche war auf dem größten Rosenheimer Friedhof an der Klosterkirche beigesetzt worden. Bis dahin hatte nur sein Vater im Familiengrab geruht. Der Schwimmmeister hatte zwar im 17 Kilometer entfernten Bad Endorf gewohnt und gearbeitet, stammte aber aus dem Rosenheimer Stadtteil Happing. Die Ausgrabung im neuen Friedhof nördlich der Aussegnungshalle begann früh am Morgen des Mittwochs, vor Öffnung der Zugänge. Sie wurde außer von den Kripobeamten KK Kreutz und KHM Kohlbeck von zwei Polizisten und zwei Rettungssanitätern begleitet.

Für den Fall, dass der blasse Mann vom Bestattungsamt, der unbedingt dabei sein wollte und extra früh aufgestanden war und zusah, umkippen würde, malte sich Kreutz aus.

Frau Wolf, die anwesende Leiterin der Friedhofsverwaltung, sah zwar am frühen Morgen so zerknautscht wie nach einer durchzechten Nacht aus, wirkte aber auf alle Fälle stabiler als der blasse Beamte.

Dr. Baumgartner, der die Autopsie später durchführen sollte, wartete in der Gerichtsmedizin auf seine „Lieferung". Kreutz wusste, so früh kroch der nie aus dem Bett.

Er hoffte darauf, dass Dr. Baumgartner bei Hirschbichlers zweiter Leichenschau Ähnlichkeiten zum Tod von Sabine Stern feststellen würde. Dann konnte er seine Ermittlungen in eine andere Richtung steuern. Die Chancen, mögliche Tatpersonen einzukreisen, einen Personenkreis bis auf wenige Verdächtige zu reduzieren, stiegen dann gewaltig. Wenn, ja wenn …

Die Grabung selbst nahm ein Angestellter des Bestattungsinstituts mit einem von der Friedhofsverwaltung bereitgestellten Minibagger vor.

Der Sarg zeigte sich nach dem Winterhalbjahr in der Erde noch intakt. Die Leiche darin weniger. Vorsichtig, mit Mund-Naseschutz und Schutzkleidung ausgestattet, betteten die Helfer Hirschbichlers Körper in den Transportsarg der Pathologie. Zum Abtransport kam das Fahrzeug der Bestattungsfirma zum Einsatz.

Die Kosten übernimmt in diesem Fall eh die Verwaltung, hatte Feldmann gegrinst.

14) 17. KW

Bestatter, Totengräber zu werden, das hätte den Gärtner schon mal interessiert. Vielleicht ging er sogar wegen seines unbewussten Wunsches nach Abschluss seiner Ausbildung ausgerechnet zur Friedhofsgärtnerei. Was hatte er nicht alles gelernt: Obstbau, Gemüsebau, arbeitete in der Baumschule der Stadtgärtnerei, schnupperte im Garten- und Landschaftsbau, Staudengärtnerei und Zierpflanzenanbau. Auf all das hätte er sich spezialisieren können. Aber nein, für die Friedhofsgärtnerei entschied er sich. Trotz seines furchtbaren Erlebnisses mit Nekrophilie, oder womöglich deswegen? Nein, der Platz war frei geworden, nachdem er die Gesellenprüfung bestanden hatte. Die Gelegenheit, bei der Stadt als Angestellter im öffentlichen Dienst bald unkündbar zu werden, ließ er sich nicht entgehen. Das war der ganz banale Grund.

So spannend stellte er sich seinen Job gar nicht vor, wie er sich dann bisweilen entpuppte. Über blöde Witze, man könne sogar auf einem Friedhof etwas erleben, konnte er nur anfangs lachen. Die Grab- und Anlagenpflege war schließlich harte Arbeit.

Auf dem Friedhof, diesem Gottesacker und Ruhegarten, suchen auch die Lebenden Abstand von der Hektik im Alltag. Dazu viele, die keine letzten Ruhestätten von Verwandten dort haben. Nichtsdestoweniger bekam er in den Jahren mit, was manche Bestatter, Grabmacher oder sogar Steinmetze hier erlebten:

1983, (oder 1984, genau konnte er es nicht mehr sagen), beobachtete er einen Steinmetz, der einen neuen Namen mit Geburts- und Todesdatum in einen Grabstein meißelte. Die Spätsommersonne brannte auf ihn herab, weshalb er zu seiner Arbeit einen Strohhut trug. Er saß auf einem Schemel direkt auf dem frisch zugeschütteten Grab.

Die zweite Herbstfestwoche auf der benachbarten Loretowiese, dem Rosenheimer Festplatz, war in vollem Gang. Es musste also Anfang September gewesen sein. Gekreische, Musik und der Duft von gebrannten Mandeln und gegrilltem Steckerlfisch störten unangemessen die Würde des Gräberfeldes.

Der Steinmetz war fast fertig, als sich ein Schatten über ihn legte. Er drehte sich um. Eine große, stattliche Frau stand nun am Grab. Sie fragte ihn sinngemäß, ob er das nicht hören würde. Irritiert zuckte der Steinmetz mit den Schultern. Meinte sie den Krach vom Herbstfest?

Sie zeigte auf das Grab und sagte, nein, es käme aus dem Grab ihres Sohnes. Ihr Gesichtsausdruck dabei war unbeschreiblich. Angst, Hoffnung und Unglauben, all das auf einmal zeigte sich in diesem weiblichen Gesicht. Ihre großen Augen starrten wie tot. Der leicht geöffnete Mund zitterte. Sie schien nicht zu atmen. Ihren Kopf neigte sie zur Seite, um noch besser zu lauschen.

Wie vom Blitz getroffen sprang der Steinmetz auf. In der Zeitung stand später, immer wenn er den Meißel absetzte, habe er das Gefühl gehabt, jemand wimmere in der Nähe. An eine Katze dachte er zunächst. Der plötzliche Verdacht sprengte sein Vorstellungsvermögen. Er entschuldigte sich bei der Mutter des Verstorbenen, bevor er zur Friedhofsverwaltung eilte, diese verständigte, und die wiederum etwas in die Wege leitete, was sehr selten vorkommt: eine Exhumierung. In diesem Fall, eine Not-Exhumation.

Der Gärtner beobachtete das Ganze. Während der Steinmetz in der Friedhofsverwaltung telefonierte, stützte er die Mutter am Grab. Er bot ihr den Steinmetzschemel an, doch sie warf sich buchstäblich aufs Grab und rief ununterbrochen den Namen ihres Sohnes.

Die Exhumierung verlief dann rasch und zügig in der noch nicht gesetzten Erde. Der Sarg wurde gehoben, geöffnet – und der Mann darin schaute in entsetzte, verwirrte, staunende Augen von Polizisten und Rettungssanitätern. Nur seine Augen bewegten sich, und seine Lippen formten schwach das Wort Hilfe. Doch nur ein Wimmern, dem Jammern eines kleinen Kätzchens gleich, kam als Ton heraus. Den Anblick, den Ton, vergaß der Gärtner nie mehr, ebenso wenig wie die Leichenschändung Jahre zuvor in der Aussegnungshalle.

Ein Lazarus, schrieben die Zeitungen danach, vita reducta – scheintot! Es war eine Sensation.

Der Notarzt stellte fest, dass der am Vortag beigesetzte Mann, 35 Jahre alt, tatsächlich lebte. Später wurde gegen den Arzt, der irrtümlich den Tod des Herrn festgestellt hatte, ein Ermittlungsverfahren eingeleitet. Ihm wurde die Approbation entzogen und er bekam eine Geldstrafe.

Heute noch lebt der Totgeglaubte munter und besucht oft das Grab seiner Mutter. Wie sich herausstellte, besaß sie zu Lebzeiten das absolute Gehör.

Tja, dachte der Gärtner, hier kann man wirklich einiges erleben, in dem Fall sogar ein Weiterleben nach dem Tod.

Er ahnt, dass da noch was kommt. Aber was? Die Glöcklein erklingen, und sicher wird derjenige wieder im Trauerzug dabei sein, den er jetzt doch bald mal ansprechen wird. Es geht ihn zwar nichts an, was jeder im Rahmen der Friedhofsordnung hier so treibt. Aber bei all den Merkwürdigkeiten bis hin zu Straftaten, die er hier in den vielen Jahren mitbekam, lässt ihn das Gefühl nicht los, dass der Kerl etwas im Schilde führt. So geht's ja nicht!

15) 18. KW

In Bertis Apartment im Margarethenhof tönte zum zweiten Mal schrill die Türklingel.

„Du, Tanterl, soll ich die Klingel ein bisserl leiser stellen?", fragte Michael unterwegs zur Tür.

Berti rief vom Tisch aus zurück: „Nein, bloß ned! Die Hausverwaltung meint, wir sind eh alle schwerhörig – und du sollst ned immer Tanterl sagen!"

Michael freute sich auf Conny und öffnete die Tür.

„Guten Tag, ich bin Kriminalhauptmeister Kohlbeck, Kriminalpolizeiinspektion Rosenheim, und das ist meine Kollegin, Frau Thaler."

Der junge Mann und die noch jüngere Frau hielten Michael ihre Ausweise vor die Nase.

„Das ist doch das Apartment von Frau Berta Maria Warthens? Ist sie zu sprechen?"

Von hinten kam ein ärgerliches „Mach die Tür zu, es ziagt!"

Michael hatte seine erste Verblüffung überwunden. Er hob sein kräftiges Kinn energisch an.

„Um was geht's denn?"

„Nur um ein paar Fragen an die Dame. Und wer sind Sie?"

Musste er sich zu erkennen geben? Manchmal widerstrebte ihm, der Staatsgewalt ohne Widerstand zu gehorchen, selbst wenn es nur um so etwas Banales wie die Frage nach der Identität ging. Das war so ein Reflex, den er spontan innerlich überprüfte, ehe er zu dem Schluss kam: He, erstmal sehen, was kommt.

„Der Neffe", redete er sich um seinen Namen herum. „Nochmal, um was geht's gleich wieder?"

Kohlbeck antwortete mit leicht ungehaltenem Unterton.

„Eine Befragung Ihrer Tante, Herr Warthens."

Aha, der Polizist folgerte also, als Neffe müsste man denselben Nachnamen haben wie die Tante. Michael ließ Kohlbeck und die zierliche Frau Thaler eintreten.

Berti schaute von ihrem Platz am Tisch auf. Sie hatte Conny erwartet und zuckte merklich zusammen. Die beiden Fremdlinge lächelten ob ihrer Wirkung die alte Frau zwar verständnisvoll und mild an, was aber nichts daran änderte, dass Berti sie irritiert anstierte.

„Was is jetzt nachher dös?"

„Keine Angst, Frau Warthens", begann Kommissar-Anwärterin Thaler und holte ein Tablet aus ihrer Umhängetasche, „wir haben nur ein paar Fragen wegen Frau Sabine Stern."

„Ich habe ihr nur ein paar Rezepte zukommen lassen", versuchte sich Berti in Schriftdeutsch. Das tat sie immer, wenn sie vor Fremden etwas betonen wollte, klang aber dermaßen gekünstelt, dass es Michael jedes Mal kalt über den Rücken lief.

Er hatte die Tür wieder geschlossen und sich hinter den zwei Polizisten aufgebaut. Jetzt war ihm klar, warum sie seine Tante befragten. Die kamen von Kreutz, dem Kletz'nbene, der die Patienten der Heilpraktikerin überprüfen ließ.

„Ein Giftrezept wird schon nicht dabei gewesen sein", mischte er sich ein und erntete zwei tadelnde Blicke der Exekutive.

„Freilich ned." Berti hatte sich wieder gefangen. „Wollen S' Ihnen hinsetzen?", vermischte sie Hoch- mit Süddeutsch.

Frau Thaler lächelte wieder gütig. „Dankeschön, aber wir haben es ja hoffentlich gleich. Außer, Ihr detektivischer Neffe hat etwas dagegen."

Sie drehte sich ruckartig um und sah Michael herausfordernd an. Ihr Kollege Kohlbeck grinste.

Klar, der Name Warthens in einer Patientendatei der Heilpraktikerin musste Kreutz sofort aufgefallen sein. Er hatte die beiden sicher vorab über den Verwandten der ältesten Patientin von Frau Stern informiert. Oder wahrscheinlicher: sie vor ihm gewarnt.

Berti lächelte nicht.

„Der Michi ist ein ganz guter Detektiv, das dürfen Sie mir glauben", sagte sie so ernst, als ging es um seine Beerdigung. „Und jetzt fragen S' halt, wenn's sein muss."

Michael traute seine Ohren nicht. Berti nahm ihn, für ihre Verhältnisse sofort und vehement in Schutz? Früher hatte es schon schwerere Geschütze gegen ihn gebraucht, dass sie ihm beisprang. Aber seit es ihm nach dem Koma und seiner kurzen Reha wieder besser ging, schien Berti doch ein wenig Angst zu haben, er könnte vor ihr den Löffel abgeben.

„Also los", begann die junge Kriminalerin, „Sie wissen, was mit Frau Stern passiert ist?"

„Grad hab ich's in der Zeitung g'lesen." Mit ihrem krummen Zeigefinger deutete sie auf den Artikel in der auf dem Tisch aufgeschlagenen Zeitung. „Das ist ja furchtbar."

Frau Thaler tappte kurz auf ihr Tablet.

„Ja, Frau Warthens. Haben, oder hatten Sie Kontakt zu anderen Patienten von Frau Stern?"

„I? Naa."

Wieder tippte die zarte Frau mit den dünnen blonden Haaren etwas auf dem Tablet.

Jetzt meldete sich Kohlbeck zu Wort: „Hier riecht's angebrannt, oder?"

„Jessas, Michi!", erschrak Berti. „Schau halt auf's G'röstel. Glaubst es!"

Sofort schnappte sich Michael die Pfanne, zog sie von der heißen Herdplatte und schaltete sie ab. Die untere Hälfte seines Mittagessens konnte er vergessen. Gespannt wartete er auf die weiteren Fragen der beiden Kriminaler.

Frau Thaler setzte die Befragung fort.

„Wie lange sind Sie denn schon Patientin der HP?"

„Ha?"

„Der Heilpraktikerin", verbesserte sich Frau Thaler.

„Ein gut's Jahr ungefähr", sinnierte Berti. „Naa, doch schon fast zwei, aber am Anfang war i ned oft da."

Tipp-tapp.

„Wann waren Sie denn zuletzt bei Frau Stern, und war sie dabei anders als sonst?"

„A geh, nein. Vor einer Woch' war ich z'letzt da."

Tipp.

Kohlbeck kam zum Zug: „Frau Warthens, haben Sie kürzlich, oder auch früher, einen Streit mit einem anderen Patienten mitbekommen?"

„Nein, ich war immer allein mit der Sabine." Plötzlich richtete sich Berti auf und schmunzelte. „Wir waren ja per Du, nachdem sie g'merkt hat, dass ich ein bisserl was von dem versteh, was man heut Naturheilkunde nennt. Was sie gar net kennt hat, war ein Mankeifett. Aber wie ich dann g'sagt hab, dass das auf Hochdeutsch Murmeltierfett heißt, hat's recht g'lacht. Und so hab' ich ihr halt des eine oder andere alte Hausmittel g'nennt, das ich auf der Alm selber g'macht hab."

„Ja, ja. Schon gut", unterbrach sie Kohlbeck. „Können Sie sich vorstellen, dass Frau Stern Feinde gehabt hat? Neider?"

„Solchene, die ihr was antun könnten? Naa, nein."

Frau Thaler hakte diese Frage auf ihrem Tablet ab.

„Das war's eigentlich schon, Frau Warthens", sagte sie und kniff die Lippen zusammen. Natürlich hatten sie Berti nicht als Verdächtige auf dem Schirm. Sie war eine von wer-weiß-wie-vielen Patienten in der Praxis. Die Kripo musste halt alle abfragen.

Michael merkte, dass Berti über das Ende der Befragung ziemlich froh war.

„Ja, dann auf Wiedersehen, Herr – ähm, Kommissar, sagten Sie?", leitete Michael den Abschied ein.

Kohlbeck deutete eine Verneigung an, als schmeichle ihm die plötzliche Beförderung zum Kommissar.

„Kriminalhauptmeister", ließ er Michael noch einmal wissen.

Auch Frau Thaler stellte ihren Rang ins richtige Licht: „Kommissar-Anwärterin im Praktikum."

„Na, dann kann ja nix schiefgehen bei Ihrer Suche nach einem Mörder", stichelte Michael.

„Wir wissen ja noch nicht einmal sicher, dass es Mord war", verriet Frau Thaler, die ihr Tablet in die Umhängetasche zurücksteckte und Berti zunickte.

„Danke, Frau Warthens, Wiedersehen."

Michael begleitete sie zur Tür.

„Schönen Gruß an Kommissar Kreutz", verabschiedete er sich zum letzten Mal. Wortlos verschwanden die zwei Polizisten nach unten.

Zurück am Tisch bei Berti atmete er tief durch.

„So, Tanterl, und jetzt sagst mir bitte, was du wirklich weißt!"

Sie ließ ihre Dritten sehen. „Mach erst einmal ein Fenster auf. Die Knödel rauchen ja noch." Sie grinste schelmisch.

Klar wusste sie mehr über diese Stern Sabine!

Erneut klingelte es verboten schrill. Dieses Mal von Conny ausgelöst.

„Da bist ja", freute sich Berti.

Michael schaufelte in der Pfanne herum.

„Servus."

Connys rötliches Haar schimmerte im Licht der Küche seidig. Ihre seit der Kindheit üppigen Sommersprossen waren kaum auszumachen.

„War was?"

Berti und Michael schauten sich an.

„Naaa!"

16) Dr. Gideon Baumgartner

Begann mit der äußeren Besichtigung der Leiche von Markus Hirschbichler. Eine Obduktion 2.0, sagte sich der Doktor. Kommt auch nicht oft vor.

Ob eine weitere, innere Leichenschau nötig sein würde, wollte der Pathologe später entscheiden. Er wusste von Kommissar Kreutz, worauf er primär achten sollte.

Selten genug bekam er Körper auf den Tisch, bei denen ein deutlicher Verdacht auf die Todesursache vorlag. Meistens standen unklare Todesarten oder ein nicht natürlicher Sterbegrund im Raum.

Um sich zu vergewissern sah sich Dr. Baumgartner noch einmal seine eigenen Unterlagen zur ersten, vollständigen Obduktion dieser Leiche an. Alle entnommenen Organe hatten keine krankhaften Veränderungen gezeigt. Gewebeproben und Körperflüssigkeiten einschließlich Urin ließen keine Schlüsse auf Alkohol- oder Drogenmissbrauch zu. Im Gegenteil, der Fünfzigjährige war in einem körperlichen Zustand aus dem Leben gerissen worden, der ihn im Normalfall hundert Jahre alt hätte werden lassen.

„Manchmal kommt halt doch was dazwischen", murmelte der Arzt in seinen Mund-Naseschutz.

Die Organe hatte er nach der ersten Obduktion wieder in den Korpus zurückgegeben und den Y-Schnitt verschlossen. Die Naht wies jetzt, nach der Liegezeit im Grab, grobe Risse auf, ein Hinweis darauf, dass sich die Organe zum Teil verflüssigten und die entstehenden Gase nach außen drängten.

Aber sein Augenmerk sollte sich auf etwas anderes richten. Der Todesgrund nach dem Sturz mit dem Mountainbike war eine irreparable Gehirnblutung gewesen, die Hirschbichler bei einem Weiterleben zum Menschen mit Schwerstbehinderung gemacht hätte.

Wie Dr. Baumgartner am Fundort festgestellt hatte, lag der Fahrradhelm zwei Meter entfernt vom Verletzten. Der Schließgurt war geöffnet, und die Polizei hatte vermutet, Hirschbichler sei mit offenem Gurt unter dem Kinn unterwegs gewesen. Das machten Fahrradsportler oft, wenn ihnen das Band am Unterkiefer lästig wurde. Dumm bei einem Sturz. Wenn nichts passierte, atmete es sich dagegen leichter.

Nun, sagte sich der ebenfalls gern Rad fahrende Dr. Baumgartner, schnauft er gar nicht mehr und liegt erneut und atemlos hier auf meinem Sezierbänkchen.

Was, wenn der Helm von einer zweiten Person nach dem Unfall vom Kopf gezogen worden war?

Die Haare des Toten hatten sich nach dem Winterhalbjahr unter der Erde nicht verändert. Zwar löste sich bereits die Kopfhaut vom Schädelknochen, aber die Frisur selbst saß noch wie bei Hirschbichlers Beerdigung. An der Stirn und am Haupthaar ließ sich nichts Ungewöhnliches feststellen. Schwarz gefärbt, stufig, dennoch zu Lebzeiten länger nicht geschnitten und wie mit den Fingern durchkämmt. Um an das Hinterhaupthaar heranzukommen, drehte Dr. Baumgartner die Leiche in eine stabile Seitenlage, wobei er ein leises Gluckern aus dem Bauch- und Brustraum vernahm und hoffte, die Y-Naht würde halten. Die halblangen, leicht gekräuselten Haare im Nacken ließen sich gut mit dem Kamm durchstreichen. Dazu musste der Arzt mit seiner linken Hand die lockere Kopfhaut festhalten, um das Haupt nicht zu skalpieren. Unabsichtlich bewegte er dabei den Kopf, was zwei quicklebendige mausgraue Maden dazu veranlasste, den Schädel durch die Nase zu verlassen. Dr. Baumgartner wunderte sich ein wenig darüber, denn der Sarg war bei der Exhumierung in einwandfreiem Zustand, also dicht gewesen. Augenscheinlich doch nicht ganz. Maden, Käfer und Fliegen waren sowieso ein Fall für die Entomologie. Ob er dagegen auf, und nicht im Kopf des Toten etwas finden würde, das KK Kreutz erfreuen könnte, daran zweifelte er beim Durchkämmen der schwarzen Strähnen.

Nein, doch: da war sie, die Lücke im System, das Loch zur weiteren Ermittlung. Sollte er die Allzweckschere nehmen, oder doch besser die Haushaltsschere? Er entschied sich für letztere. Schließlich handelte es sich nur um Haare. Er fotografierte die Stelle, bevor er sie mit antiseptischem Papier unterlegte und das Haar großzügig um die Lücke herum abschnitt.

Unter dem Mikroskop fand er optisch keine relevanten Spuren.

Während die chemische Analyse durchlief, suchte er im Bericht die Telefonnummer der damals für die Präparierung der Leiche zuständigen Beerdigungsfirma heraus. Der Chef dort konnte sich noch erinnern, dass ihm die Lücke zwar aufgefallen sei, aber wegen des wie selbst geschnittenen Haars nicht als ungewöhnlich eingestuft hatte. Dr. Baumgartner bedankte sich und wandte sich wieder der chemischen Analyse der Partikel zu.

Seine Geräte zeigten Anteile von Nickel, Zink und Kupfer an. Dr. Baumgartner folgerte daraus, dass Klingen aus einem nicht ganz rostfreiem, mit Neusilber veredeltem Stahl einer vermutlich billigen Schere zum Ausschneiden der Haarsträhne verwendet worden war. Rasiermesser oder Skalpelle bestanden aus bei weitem hochwertigeren Materialien. Da kleinste Spuren des Metalls den Haaren anhafteten, konnte man davon ausgehen, dass die Scherenklingen angeschlagen gewesen waren. Feine Risse im Veredelungs-Metall hatten so Mikrospuren an diesen Haaren zurückgelassen.

Somit hatte Dr. Baumgartner eine erste Übereinstimmung mit der Haarprobe von Sabine Stern. Die genaue Zusammensetzung aus Nickel, Zink und Kupfer des Neusilbers musste Aufschluss geben und Gewissheit bringen. Dabei stieß der forensische Pathologe in seinem Labor an die Grenzen. Zumindest hatte er das Vorhandensein von Metallrückständen feststellen können, weil er für das teure Analysegerät über drei Jahresetats hinweg bei anderen Ausgaben wie neue Abstrichbestecke oder Leichenlöffel gespart hatte. Sogar auf einen weiteren Seziertisch hatte er für das Gerät zur Materialanalytik verzichtet. Das Budget war knapp.

Das hier aber war ein Fall für die Kriminaltechnik. Die chemisch-analytische KT besaß die nötigen Instrumente für solche Feinheiten. Er verpackte die Haarprobe und sendete sie zusammen mit der von der Frauenleiche und mit der Bitte um Eile zur kriminaltechnischen Untersuchung des Bundeskriminalamts. Die exakte Zusammensetzung der metallischen Rückstände konnte nur mit Hilfe von Ultraspurenanalytik ermittelt werden. Nun hieß es warten. Auch für den Kommissar.

17) Kriminalhauptmeister Kohlbeck

Und Anwärterin Thaler hatten alle Patientinnen und Patienten von Sabine Stern kontaktiert. Am Tag nach der Anweisung ihres Chefs telefonierte Sandra Thaler mit der letzten Dame aus der Datenbank der Heilpraktikerin. Alle 21 sagten durchweg nur Gutes über ihre Naturheilerin. Manche Frauen schwärmten richtig. Die vier Männer hielten sich zwar zurück mit Lobeshymnen, sagten aber so sachliche Dinge wie, Ja, ihre Methoden haben mich von Kreuzschmerzen befreit, ohne Schmerztabletten zu brauchen. Oder: Dass meine Latex-Allergie verschwunden ist, habe ich nur Frau Stern zu verdanken. Mein Sexualleben macht wieder Sinn.

Und dann war da noch die Alte, diese Tante des Detektivs.

„Die hätte sich wohl am liebsten bei der Stern selbst angestellt", lästerte Sandra Thaler.

Kreutz hatte aufmerksam zugehört und die Kurz-Berichte über die Befragungen gelesen. Zwölf Befragte waren persönlich angetroffen, neun telefonisch erreicht worden. Bei der Bemerkung über Berta Maria Warthens huschte ein Lächeln über Kreutz' Gesicht.

Kohlbeck machte das neugierig: „Kennen Sie diese Frau Warthens?"

„Sicher nicht. Aber den Neffen. Fast wäre mir lieber, Sie hätten den in die Mangel genommen." Jetzt grinste er aufrichtig.

Kohlbeck und Sandra Thaler sahen sich an wie zwei Schüler, deren Lehrer während des Deutschunterrichts über Astrophysik referiert hatte. Keine Ahnung, von was der redete. Kohlbeck ergriff das Wort.

„Wissen wir denn schon was vom Baumgartner. Der Dok hat doch den Hirschbichler nochmal …"

„… auf dem Tisch gehabt", ergänzte Kreutz wieder ernst. „Wir warten auf das Ergebnis der chemischen Analyse vom BKA-Labor. Das kann mal wieder dauern. Und ihr habt rein gar keinen Hinweis bei den Stern-Patienten auf Hass, Eifersucht? Vielleicht schuldete sie ja jemandem was?"

„Nicht mal im Ansatz", sagte die Kommissar-Anwärterin resigniert, „steht alles im Bericht. Aber wir haben doch noch die andere Liste aufzuarbeiten."

Kreutz horchte auf.

„Welche gleich wieder?"

„Na, die wir erst später von der KT bekommen haben, die mit den früheren Patienten der Frau Stern. Da kann auch jemand dabei sein, der sie getötet haben kann, womöglich, ich weiß, also jemand, der oder die jetzt nicht mehr zum Patientenkreis gehört."

„Ist ja wohl logisch." Kreutz lehnte sich zurück, drehte seinen Bürostuhl zum Fenster und blickte hinaus in den schattigen Innenhof des Präsidiums. „Dann gehen Sie das mal durch. Alle Unterlagen dazu sind ja jetzt vorhanden."

Kohlbeck sah Sandra Thaler mit einer Mischung aus Staunen und Ärger an.

„Jetzt haben wir die aktuelle Liste durch, müssen sie nochmal genau analysieren, und jetzt kommst du mit so was!"

Sandra war aus Fürstenfeldbruck von der Hochschule für den öffentlichen Dienst in Bayern gekommen, erinnerte sich Kohlbeck. In Rosenheim absolvierte sie ihr zweites sechsmonatiges Praktikum. Nur, weil die Stelle in Rosenheim frei war, konnte sich die Fast-Einser-Abiturientin den Platz ergattern. Irgendwann würde sie Kommissarin sein, nicht jetzt.

Kreutz hatte sich noch nicht wieder zu den beiden umgedreht.

„Ist aber das einzig Richtige, auch die nicht mehr aktuellen Patienten zu durchleuchten. Also weiter im Text ..."

18) 17. KW

Der Friedhof erstrahlt heute Morgen in herrlich klarem Sonnenlicht. Die Erinnerung an die Sache mit der Exhumierung des lebendig Begrabenen, an jene Wiederauferstehung des jungen Mannes damals zur Herbstfestzeit, sie geht dem Gärtner noch immer an die Nieren. Nach den vielen Jahren auf dem Friedhof denkt er, dass er eigentlich abgebrühter sein müsse. So etwas wie eine Graböffnung kam gottlob selten vor.

Bei manchen Beerdigungen, vor allem, wenn junge Menschen früh vom Tod betroffen sind, fragt er sich, ob sie wirklich tot sind. Die in den Urnen natürlich mit Sicherheit. Aber die anderen? Und dann sind da noch die Angehörigen und Freunde, die sie zur letzten Ruhe begleiten, und sich womöglich dieselben Fragen stellen. Ist sie oder er wirklich tot?

Ältere fragen weniger, sie akzeptieren das Endgültige schon eher. Oder sie kapieren gar nicht mehr, was die ganze Prozedur auf dem Friedhof soll, wie vorgestern die arg alte Witwe, die aussah, als würde sie nicht wissen, um was es bei der Beisetzung ging. Demenz kann schon eine bittere Angelegenheit sein, aber überwiegend für diejenigen, die noch hell auf der Platte sind. Die Betroffenen kriegen ja kaum mit, dass sie verblöden und ihre eigenen Verwandten nicht mehr kennen.

Manchmal drängen schon merkwürdig gemeine Sätze in seinen Kopf. Ob das an seinem Arbeitsplatz liegt? Bald wird er nicht mehr hier sein. Die nächsten Jahre in Rente wird er nicht zum Friedhof zurückkehren. Vielleicht geht er für längere Zeit in den Süden, ans Meer, wo die Luft nicht nach Tod und Verwesung riecht. Nur nach Fisch, aber eigentlich mag er den nicht.

Egal. Irgendwann wird er hierher zurückkommen müssen. Nicht auf zwei Beinen. Die Grabstelle ist schon reserviert. Seine alleinige. Das Grab seiner Großeltern und Eltern ist schon lange aufgelöst. Geheiratet hat er nie, und ledige Kinder hat er ebenfalls keine. Jedenfalls keine, von denen er weiß.

Er grinst. Als Junger war er schon ein richtiger Hallodri. Wenige Mädels aber fanden seinen Arbeitsplatz spannend. Bis auf eine, Bettina hieß sie, die mal nachts über die Grabstätten springen wollte. Geister zu sehen hatte das Mädel gehofft. Aber zum Gruseln kam sie nicht. Dafür hat er schon gesorgt. Schließlich wollte er mit ihr etwas ganz anderes tun in jener Nacht, als heulende Gespenster im dunklen Gottesacker zu beobachten.

Wurscht. Ist lange her. Die Exhumierung des damals Scheintoten geistert schlimmer in seinem Kopf herum. Die Polizei war gekommen. Sie hatten schnell und effizient gehandelt. Soll man, wenn man merkwürdige Dinge beobachtet, nicht sofort Bescheid geben, damit nichts passiert? Präventiv tätig werden?

Er weiß nicht, ob der Typ, der da schon wieder zwischen den Grabreihen herumschleicht, irgendetwas Verbotenes vorhat. Nur das komische Gefühl wird er nicht los, wenn der Kerl sich an Beerdigungsgesellschaften heranmacht. Oder an Witwen. Will er sie abzocken? Hat er im Sinn, die Erbinnen zu trösten, gleichzeitig sich zu bereichern? Der drückt sich so herum, geht ihm aus dem Weg, zeigt sich nie in der Nähe der Friedhofsverwaltung, so als wolle er streng vermeiden, aufzufallen. So, und was bedeutet das? Genau, der hat etwas Illegales vor. Eine Straftat. Und das auf seinem Hoheitsgebiet!

19) 18. KW

Tante Berti zeigte sich heilfroh, dass die Polizei gegangen und Conny gekommen war. Endlich konnten Michi, Conny und sie unter sich sein. Mit Conny verband Berti eine Freundschaft, die sie zunächst nicht für möglich gehalten hätte. Ohne sie zu kennen, hatte sie Michis esoterisch aufgeladene Freundin anfangs als spinnerte Hex gesehen, die ihrem Neffen nur dummes Zeug einflüsterte. Michi und Conny kannten sich schon seit ihrer Schulzeit, wie ihr Michael erklärt hatte. Erst bei seinem ersten Fall als Detektiv waren er und Conny Linden sich wieder über den Weg gelaufen. Was danach geschah, hatte Berti überzeugt, dass das Dirndl ein Pfundsmädel war. Ein bisschen Eifersucht, die sie anfangs sehr, sehr heimlich ihr gegenüber verspürt hatte, wich nach gemeinsamen, sogar gefährlichen Hilfen bei Michis Fällen einer Art mütterlichen Beziehung zu Conny. Mit gut zwanzig Jahren mehr auf dem Buckel stand ihr das zu, fand sie. Aussprechen würde sie das nie.

Den Kopfsalat zu den von Michi ruinierten Knödeln hatten Conny, Michael und Berti zuerst vertilgt. Die angebrannten Teile der Pfannenknödel hatte Michael großzügig von den noch guten entfernt. Viel Genießbares blieb nicht übrig.

„So schnell waren wir noch nie fertig mit 'm Essen", stellte Berti fest.

Conny wischte sich den Mund mit einer Stoffserviette ab.

„Tja, wenn du Mike an den Herd lässt ..."

Berti verzog den Mund, als täte ihr nicht nur die Hüfte weh. Sie gewöhnte sich nie an Connys Aussprache von Michis Namen. Mike. Aber mittlerweile protestierte sie nicht mehr lautstark und überhörte es einfach.

„Mei, i hab ja der Polizei Auskunft geben müssen. Da kann i ned gleichzeitig auch noch kochen."

„Viele Auskünfte hast denen ja nicht 'geben", meldete sich Michael und lenkte von der Lästerei über sein Missgeschick ab: „Du weißt doch mehr über die Frau Stern, als du zugegeben hast, stimmt's?"

„Ja. Schon."

Conny schaute von Michael zu Berti und zurück.

„Kann mich mal jemand aufklären?"

Bislang hatten Berti und ihr Neffe Conny kein Wort vom Polizei-Besuch erzählt. Sonst wären sie ja noch länger nicht zum Essen gekommen – zumindest zu dem, das überlebt hatte.

„Freilich." Michael schilderte kurz, dass die Heilpraktikerin Sabine Stern tot aufgefunden wurde. Dazu zeigte er ihr den Zeitungsartikel darüber. „Und weil Berti in ihrer Patientendatei auftaucht is', hat man sie g'fragt."

„Wegen was? Ist die ermordet worden?"

Berti hätte beinahe eine ihrer nicht wirklich böse gemeinten Bemerkungen losgelassen, dass Conny doch in ihre Glaskugel schauen könnte, um das zu erfahren. Stattdessen ließ sie ihren Finger um die Zeitungsmeldung kreisen und tat geheimnisvoll.

„Mei, könnt schon sein. I mag's halt nicht, wenn man mich so ausfragt. Und außerdem is mir ned alles gleich eing'fallen, bei der Aufregung. Polizei im Haus. So was auch!"

„Ich hab's doch g'wusst", triumphierte Michael. „Also, raus mit der Sprache."

„Ich hab' g'meint, d' Mama hätt' dir das Wort Bitte bei'bracht."

„Jetzt red halt. Bitte. Zefix."

Conny sah ihn mit hohen Augenbrauen an. Der Fluch gefiel ihr anscheinend nicht. Sie wandte sich Berti zu.

„War diese Frau Stern denn gut in ihrem Metier?"

„Freilich. Aber um das ist's ja ned gangen. Die Polizei wollt' wissen, ob sie Streit g'habt hat mit jemand. Ja, woher soll ich das wissen! Aber erzählt hat die Sabine mir was, was sie mal ganz traurig g'macht hat. Sie hat ja Leute mit so Allergien behandelt."

„Wieso hat sie das traurig g'macht?", wunderte sich Michael.

„Weil, bei einer jungen Frau hat das alles nix g'holfen, hat die Sabine g'sagt. Die ist an so einem Schock g'storben, so einem allergischen."

Conny beugte sich über den Tisch und legte für einen Moment ihre Hand auf Bertis wie betend verschränkte Hände.

„Tatsächlich? Da ist jemand an einem anaphylaktischen Schock gestorben, und diese Sabine fühlte sich verantwortlich?"

„I glaub schon."

Michael schüttelte den Kopf.

„Dass sie darüber nicht erfreut war, ist ja klar. Wurde sie denn rechtlich dafür zur Verantwortung gezogen?"

Berti schnaufte auf.

„Ach nein, hat die Sabine g'sagt. Sie war ja gar nicht schuld. Die Frau hat ja auch einen normalen Arzt g'habt, einen Doktor, und von dem hat sie Medikamente gekriegt. Aber dann hat sie die nicht dabei g'habt, wie sie's dringend braucht hätt'."

„Na dann", Michael versuchte, die Stimmung nicht ins Schwermütige abgleiten zu lassen und lächelte, „dann musste sie sich doch keine Vorwürfe machen. Und der Doktor auch nicht."

„Ja, schon", stimmte Berti ihm zu, „aber Sabine hat gemeint, dass sie der Frau schon besser hätte helfen können, damit es gar nicht so weit kommt, dass sie so chemische Medizin braucht."

Michael legte den Finger an den Mund.

„Kann das sein, dass nicht nur die Frau Stern sich selbst Vorwürfe g'macht hat, sondern ihr vielleicht noch jemand anderes?"

„Das weiß i ned. Wer denn?"

Conny schaute zu Michael.

„Tja, Michi, das ist die Frage."

20) Die Kollegen

Vom Kriminaldauerdienst übergaben ihrem Pressesprecher den Bericht über den Fund einer Leiche im Ortsgebiet von Großkarolinenfeld, einer Ortschaft etwa fünf Kilometer nordwestlich von Rosenheim. Der Pressetext las sich anschließend so:

Rettungskräfte fanden die Leiche eines 65-jährigen Mannes im Kanalschacht seines Anwesens. Nachbarn hatten bemerkt, dass der Briefkasten des alleinlebenden Mannes überquoll, und sich Zeitungen auf der Türschwelle stapelten. Sie alarmierten die Polizei, die wiederum den Rettungsdienst verständigte. Da der runde Deckel des Revisionsschachts schräg auf der Öffnung lag, leuchteten die Beamten in den Schacht. Die Todesursache war laut erster Einschätzung der Gerichtsmedizin Herzversagen aufgrund einer Vorerkrankung. Möglicherweise aber konnte Claudius A. den auf den Schacht gerutschten schweren Deckel von unten nicht mehr zur Seite schieben, um den etwa zwei Meter tiefen Schacht zu verlassen. Was er dort gemacht hat, ist ebenso unklar wie die endgültige Todesursache. Insgesamt könnte Claudius A. bis zu einer Woche dort eingesperrt gewesen sein, wie der Kriminal-Dauerdienst, KDD, des Polizeipräsidiums Oberbayern Süd mitteilte.

Kommissar Kreutz las sowohl die Darstellung seiner Kollegen vom KDD als auch den Zeitungsbericht. Ständig kreisten seine Gedanken um die Todesumstände der Heilpraktikerin und den möglichen Zusammenhang mit dem Unfall von Hirschbichler ein halbes Jahr zuvor, und nun bereitete ihm dieser Tote zusätzlich Kopfschmerzen. Völlig abweichend von den Hangstürzen der anderen zwei Todesfälle, kam ihm jetzt dieser Unfall in die Quere. Bis zu einer Woche hatte dieser 65-jährige im Schacht gelegen. Zwischen zwei und sieben Tagen also.

Frau Stern wurde vor drei Tagen gefunden. Dass es ein Tötungsdelikt war, stand für ihn fest. Er brauchte nur noch den endgültigen Beweis, den er mit der Verbindung zu Hirschbichlers Tod über Dr. Baumgartners Untersuchung zu finden hoffte. Was war eigentlich der Stand der Dinge beim Leichenheini?

Kurzentschlossen griff Kreutz zum Telefon.

„Ja, Kreutz hier. Sie wissen ja, warum ich anrufe."

Dr. Baumgartner am anderen Ende der Leitung hörte sich verschnupft an. Er sollte wenigstens beim Telefonieren seinen Mundschutz abnehmen.

„Hallo Kommissar. Hören Sie, das Labor vom BKA will mir, sobald das Ergebnis der Haarproben vorliegt, vorab telefonisch oder per Mail Bescheid geben. Unverzüglich hat Kaspar gesagt. Mit dem habe ich studiert, wissen Sie, ein alter Gauner, sag ich Ihnen, und als Student ein begnadeter Schluckspecht ..."

„Dok, das ist mir wurscht", unterbrach Kreutz harsch, „sagen Sie mir ebenfalls unverzüglich Bescheid, okay?"

„Ja, ja. Warten Sie." Es knackte im Hörer. „So, jetzt." Dr. Baumgartner klang deutlicher als zuvor, ohne Mundschutz. „Ich habe Hirschbichlers Corpus soeben zurückgehen lassen. Die Leute vom beauftragten Bestattungsinstitut haben ihn abgeholt. Und vor einer Stunde kam der Mann aus dem Kanalschacht, den ich gestern schon am Fundort besichtigte, auf meinen Tisch."

Kreutz wurde heiß.

„Und?"

„Sie mit Ihrem Haarspleen, Kommissar, haben mich angesteckt. Jetzt hab' ich den ebenso, und das ist keine Haarspalterei."

Scherzkeks. „Reden Sie schon!"

„Selbe Stelle, gleicher Haarschnitt, wenn Sie wissen, was ich meine."

Kreutz überspielte seine Fassungslosigkeit, indem er schnell antwortete.

„Weiß ich, weiß ich." Das konnte doch nicht wahr sein. Eine Serie?

„Kommissar?", tönte es laut aus dem Hörer. „Sind Sie noch da? Ich wollte nur sagen, dass der Mann zwar eine hohe Stirn, aber ziemlich lange, und viel graue Haare im Nacken ..."

Kreutz hatte aufgelegt.

21) 17. KW

Der Mann ist schon wieder auf dem Friedhof. Der Gärtner ringt mit sich, ihn anzusprechen. Dort drüben, zwischen den zwei hohen Trauerweiden am Grab der alten Frau Braun, schleicht er mal wieder herum. Maria Braun, ach, er kennt die Geschichte dieser Frau, deren Angehörige oft ans Grab kommen. Dass es das noch gibt, freut er sich, dass Leute, die selbst fast so alt sind wie ihre Vorfahren zu deren Todestag, aber öfter das Grab besuchen, als VerncqXprNdwandte von erst kürzlich Verstorbenen.

Aber was macht der Typ da? Der Gärtner ordnet ihn nicht der Familie von Maria Braun zu. Jetzt geht der Kerl mit der schwarzen Übergangsjacke und dem kurzen Vollbart zur Sitzbank unter der zweiten Trauerweide und setzt sich. Er spielt nicht mit seinem Handy, wie das die meisten tun, wenn sie nichts zu tun haben. Er schaut nur, lässt seinen Blick mit erhobenem Kopf über das vor ihm liegende Gräberfeld schweifen, als wäre dies sein Zuhause. Er steckt die Hände in die Jackentasche, lehnt sich zurück und gähnt. Also, wenn der jetzt einschläft, dann kann er sich aber auf die gesalzene Ansprache eines Friedhofsgärtners gefasst machen. Dann pennt der sicher nicht noch einmal auf dieser geweihten Erde.

Sonja Braun kommt, Hans Brauns sechzigjährige Witwe. Ihr Mann liegt neben seiner Großmutter und freilich auch seiner eigenen Mutter in diesem großen Grab. Deren Männer ebenso. Sonja ist die fleißigste Grabgängerin der Familie. Fast so etwas wie eine Freundschaft zwischen dem Gärtner und ihr entstand im Laufe der Jahre. Im Vertrauen erzählte sie ihm bald nach dem Tod ihres Mannes die Geschichte der alten Dame, Hans Brauns Urgroßmutter, deren Name zum Gedenken ganz oben in den Stein graviert steht. Maria.

Der Gärtner kennt die lange Geschichte der Familie Braun, deren Ursprung mit einem kostbaren Ring zusammenhängt. Er hat sie in seinem Gedächtnis abgespeichert wie viele andere, die ihm von den Stammgästen des Friedhofs, wie er sie heimlich nennt, zugetragen wurden. Aber Sonja war etwas ganz Besonderes. Er hat die unwesentlich jüngere Frau schon lange heimlich ins Herz geschlossen.

Die Nähe des seltsamen Kerls zum Grab der Brauns beunruhigt den Gärtner. Ob es der Mann in der schwarzen Jacke und dem Bart auf Maria Brauns Nachkommen abgesehen hat? Tatsächlich. Der erdreistet sich und spricht Sonja an! Jetzt ist der Zeitpunkt gekommen, um einzuschreiten.

22) 18. KW

Umarmen hätte Michael seine Tante können. Da wusste sie doch wirklich mehr über die tote Heilpraktikerin, als die Polizei. Er vermutete, dass Kreutz noch immer rätselte, ob es Mord war, und wenn, welches Motiv sich dahinter verbarg. Ganz zu schweigen davon, wer diesen Mord begangen haben konnte. Und dann stand da die beunruhigende Frage im Raum, was das alles womöglich mit Markus zu tun hatte.

„War diese Frau, die Patientin von Sabine Stern, die gestorben ist, verheiratet?"

Berti trank einen Schluck vom Tee, den ihr Conny in dem Moment hinstellte. Dabei schien sie angestrengt zu überlegen.

„Hm. Ich glaub ned. Aber Sabine hat mal ihren Namen g'sagt. Wie hat denn die gleich wieder g'heißen, Herrschafts Zeiten?"

Sie nippte wieder an ihrem Tee. „So ein englischer Name war 's, drum fällt er mir nimmer ein. Wahrscheinlich."

Michael versuchte, sich heranzutasten: „War es eine junge Frau, oder schon eine ältere?"

„I glaub, schon eine junge. Schon – Tschon hat s' g'heißen. Genau."

„John, wie der englische Männername?"

„Ja schon, Tschon."

Conny meinte, das könne ja nur der Nachname gewesen sein.

„I weiß nicht, da kenn i mich ned aus. Sabine hat ihn jedenfalls so ausg'sprochen. Tschon."

„Mei", überlegte Michael, „vielleicht hat sie ihn so ausgesprochen, aber man kann den ja auch auf Deutsch so klingen lassen wie geschrieben, John halt. Und der Vorname?"

„Mensch, Michi, den weiß doch ich ned."

„Ja, Mike", stimmte ihr Conny zu, „das ist sowieso schon mehr, als du verlangen kannst. Aber es stimmt doch, Berti, wenn dir noch was einfällt über diese Frau John, sagst es uns gleich, ja?"

„Freilich."

Michael verspürte den Drang, in sein Büro zurückzukehren, um sofort mit Recherchen über alle Johns in Stadt und Landkreis zu beginnen. Seine beiden Assistenten waren mit den aktuellen Aufträgen beschäftigt. Nach so langer Zeit konnte er es sich leisten, mal wieder ohne Gage zu ermitteln.

Sein Handy meldete sich lautstark.

„Detektei Warthens."

Er hörte lange und konzentriert zu, bevor er dem Anrufer vorschlug, sich in seinem Büro zu treffen.

Berti war neugierig: „Was is?"

„Nix", tat Michael geheimnisvoll. „Nur ein Kunde."

23) Das Ergebnis

Der Haarproben hatte den Weg zu Dr. Baumgartner noch immer nicht gefunden. Sein alter Studienfreund Kaspar hatte ihm versprochen, die Untersuchung in der Kriminaltechnik des BKA so schnell wie möglich durchzuführen. Jetzt wartete der Gerichtsmediziner seit einem Tag auf wenigstens einen Anruf, eine Mail, irgendetwas, das er dem Kommissar bieten konnte. Einen hieb- und stichfesten Beweis, der die beiden Todesfälle der bei Stürzen ums Leben Gekommenen in Zusammenhang brachte. Die mikroskopisch kleinen Metallrückstände an den ähnlichen Haarlocken genügten nicht, um die Unfälle als Mord einzustufen. Erst bei sicheren Übereinstimmungen zwischen den unterschiedlichen Fällen konnten Mordermittlungen anlaufen.

Was die ähnlich abgeschnittenen Haare am Kopf der Leiche aus dem Gully bedeuteten, darauf konnte sich Dr. Baumgartner keinen Reim machen. Der Mann war in einem Abwasserschacht gefangen gewesen, nicht gestürzt. Seine Leiche wies kaum auf Gewalteinwirkung hin. Finger und Hände waren geschunden von den Versuchen, den Gullydeckel von unten zu öffnen. Angst um sein Leben, die Kühle im Schacht und Dehydrierung hatten ihn über Tage so geschwächt, dass sein Herz diese Tortur nicht mehr mitgemacht hatte.

Aber die Lücke im Haar? Wurde sie ihm zu Lebzeiten zugefügt, oder erst nach seinem Tod? Dann musste jemand, der wusste, dass der Mann tot im Schacht lag, dort mit einer Schere hinabgestiegen sein, und den Deckel anschließend wieder geschlossen haben, allerdings so schlampig, dass die Polizei bei der Durchsuchung des Anwesens darauf gestoßen war.

Wozu die Haarbüschel der Toten? Was hatte das zu bedeuten?

Dr. Gideon Baumgartner griff zum Telefon, stellte auf laut und legte es an den Rand des Seziertischs. Er musste die Hinweise und Leichenzeichen nicht interpretieren. Das war die Sache von Kreutz.

„Kaspar?"

„Ja. Gideon?"

„Auch ja. Sag mal, was ist jetzt mit den Haarproben? Du hast doch gesagt, so schnell wie möglich."

Kaspar prustete ins Telefon.

„Das heißt, so schnell wie möglich. Manchmal ist das Mögliche halt nicht so schnell. Was denkst du, was hier los ist? Die Apparate stehen nicht sinnlos in der Gegend herum, die werden für -zig Fälle benutzt."

„Schon gut, Kaspar. Wie lange dauert's denn noch?"

„Moment."

Dr. Baumgartner vernahm ein Husten, dann ein Rascheln.

„Gideon?"

„Immer noch."

„Also das ist so, es handelt sich tatsächlich um Neusilber, das zum Beispiel zur Herstellung von Haushaltsscheren benutzt wird. Die Analyse der Zusammensetzung der Kupfer-Zink-Nickel-Legierung war wegen der gering vorhandenen Partikel nicht einfach, aber eines ist sicher: beide Proben enthalten einen Nickelanteil von ziemlich genau 21 Prozent. Neusilber hat sonst sehr unterschiedliche Nickelanteile, zwischen zehn und 26 Prozent. Da es sich hierbei um exakt den gleichen Nickelanteil handelt, kannst du davon ausgehen, dass die Partikel von ein- und demselben Werkzeug wie gewöhnliches Essbesteck oder einer Schere stammen. Das wolltest du doch wissen, oder?"

„Aber hallo!"

24) 17. KW

WARUM SOLL ER SICH NICHT EINMISCHEN? DER FRIEDHOF UND ER, DAS HAT schon was von Heimat. Und in seiner Heimat, in seinem Haus, da will man Ordnung haben. Wenn man das Gefühl hat, etwas läuft schief daheim, dann muss man etwas dagegen unternehmen.

Der Kerl, der Sonja Braun am Grab von Maria Braun belästigt, trägt einen dunklen Vollbart, sauber gestutzt, gepflegt, nicht schmuddelig wie ein Obdachloser, der seine Zeit in Parkanlagen oder eben auf dem Friedhof totschlägt. Sein Blick ist ernst, hart, als habe er alles Lachen verlernt. Seine ganze Haltung, nicht wie ein Leidender am Grab, ist wie ein Tiger vor dem Sprung, aufrecht, aufmerksam, völlig ruhig, aber angespannt bis zum Anschlag.

Der Gärtner fragt ihn unverblümt, was er denn eigentlich immer hier auf dem Friedhof tue, bei Beerdigungen, an den Gräbern von neu Verstorbenen, oder an schon länger Ruhenden. Sie entfernen sich vom Grab und lassen Sonja zurück, die ihnen mit offenem Mund lange nachsieht.

Der Gärtner greift durch. Er solle Sonja in Ruhe lassen, quetscht er drohend durch die noch erstaunlich geraden, eigenen Zähne.

Der Mann mit dem Bart bleibt ganz gelassen. Er lächelt sogar. Mit dem Mund, nicht mit den Augen. Er spielt die Freundlichkeit eines bei etwas Verbotenem Ertappten. Aber er tue ja nichts, was gegen die Friedhofsordnung verstößt, sagt er dem Gärtner ins Gesicht, der wider seine Natur schreit und mit den Händen fuchtelt. Die angestauten Gefühle wegen ihm, dem merkwürdigen Friedhofsgänger, sie müssen raus.

Der Fremde lässt die Standpauke des Gärtners so lange an sich abprallen, bis er selbst zu Wort kommt. Er zeigt sich einsichtig, erklärt ruhig, warum er Sonja ansprach.

Anschließend tischt er ihm, dem alten Friedhofsangestellten, eine Geschichte auf, die unglaubwürdig klingt. Wochen-, monatelang ärgerte der Gärtner sich über den Typen, und nun, zu seiner Überraschung, wusste der Kerl solche Dinge? Soll der Gärtner so einem glauben, einem der sich so benimmt, als hätte er etwas zu verbergen?

Er denke darüber nach, lässt ihn der Gärtner mit abklingender Empörung wissen, nur, damit wieder Ruhe einkehrt auf dem geweihten Acker. Voller Zweifel an die Aufrichtigkeit des merkwürdigen Friedhofsgastes, doch fasziniert über die Verlockung, geht er wieder an seine Arbeit. Und überhaupt, wenn das klappt, wenn das stimmt, wie dankbar würde ihm die liebe Sonja Braun dafür sein?

Am nächsten Tag, gleich am Morgen, sucht der Geheimnisvolle von sich aus das Gespräch mit ihm. Dieses Mal lässt er, der Gärtner, ihn zappeln, weist ihn ab. Der andere folgt ihm, redet auf ihn ein. Was soll er, der Alte machen? In seiner Situation kurz vor der Rente? Auf einen Lottogewinn warten? Er spielt schon lange nicht mehr, spart sich das Geld, das trotzdem nicht reichen wird.

Ab morgen nimmt der Gärtner ein paar Tage Resturlaub.

25) 18. KW

IM BÜRO AM LUDWIGSPLATZ, DEM FIRMENSITZ DER DETEKTEI WARTHENS, LIEF leise Musik. Michael hatte das nach seiner Genesung eingeführt. Für ein Detektivbüro sei das ungewöhnlich, lautete die einhellige Meinung seiner zwei Mitarbeiter. Conny hatte die zarte Hintergrund-Musik, ausschließlich instrumental und beruhigend, gleich gelobt.

Nach ihrem Anruf hatte Michael Sonja Braun ins Büro bestellt.

„Wissen Sie, Herr Warthens, normalerweise hab' ich keine Angst. Mir ist schon so viel passiert im Leben, und zuletzt, vor zwei Jahren, da ist mein Mann, der Hans, gestorben."

„Mein Beileid", warf Michael sanft ein, „nachträglich."

„Danke." Sonja Braun saß aufrecht auf dem Sessel, den Michael für seine Klienten am Schreibtisch bereitstellte. Die nach Michaels Einschätzung etwa sechzigjährige, zierliche Frau wirkte sehr gepflegt und machte auf Michael einen beinahe aristokratisch damenhaften Eindruck. Ihr helles, volles Haar lag adrett gekämmt und mit einer Klammer zusammengehalten an den Seiten, ohne dass Michael ein Graues entdeckte. Ein unaufdringlich kariertes Kostüm betonte ihre schlanke Figur. Ihre Leder-Handtasche hielt sie mit beiden Händen auf ihren Knien. Jetzt zog sie einen braunen DIN-A4 Umschlag aus der Tasche und betrachtete ihn mit ihren dezent geschminkten Augen wie einen Schatz. Sie atmete tief durch, als fiele es ihr schwer, über den Inhalt des Umschlags zu reden.

„Da drin ist unter anderem die Zeichnung eines Rings, der einst der Urgroßmutter von Hans gehörte. Aber dazu später, weil er nur ein Teil dessen ist, warum ich Sie bitte, tätig zu werden."

Michael lehnte sich zurück.

„Nur zu, Frau Braun."

„Letzte Woche war ich an Hans' Grab. Wissen Sie, in dem Grab liegen seine Großmutter, seine Mutter und meine eigene Mutter. Meinen Vater, na ja, den hab' ich nie kennengelernt. Egal.

Jedenfalls hat mich ein Mann dort angesprochen, den ich noch nie gesehen habe. Er tat zunächst so, als würde er mich nicht kennen. Er stellte sich an meine Seite und sah mich unverblümt an. Mir war nicht wohl dabei, er sprach mich aber mit meinem Namen an. Dann fragte er: Wer ist schuld? Ich wusste nicht, was er meinte, bis er wiederholte: Wer, glauben Sie, hat Schuld am Tod Ihres Mannes?

Niemand, antwortete ich. Der Mann hatte sich ja nicht mal vorgestellt, was ich als sehr unhöflich empfand, wenn er doch meinen Namen kannte. Wissen Sie, Herr Warthens, Hans starb nach einem schweren Herzinfarkt. Weiter hat der Mann g'sagt, er habe meinen Mann gekannt, und der hätte ihm erzählt, er wisse, wo dieser Ring sei."

Sie legte den Umschlag auf den Schreibtisch und zog ein vergilbtes Blatt Papier heraus. Die bunte Zeichnung eines goldenen Rings mit einem rot- und blau schillerndem Stein ließ Michael staunen. Der kantig geschliffene Edelstein in der Fassung war so gezeichnet, dass ein Rubin und ein Saphir wie ein einzelner, zusammengesetzter Stein aussahen. Kein kleiner, fand Michael.

„Danke, Frau Braun, dass Sie mir diese sicherlich alte Zeichnung zeigen, aber …"

„Ja ich weiß, ich muss Ihnen erst den konkreten Grund erläutern, warum ich Sie bitte, etwas zu unternehmen. Es kann schon sein, dass der Mann an unserem Grab meinen Hans gekannt hat, woher auch immer. Und dass ihm Hans irgendwann einmal von dem Ring von Hans' Urgroßmutter erzählt hat, das ist natürlich möglich. Aber Hans wusste ebenso wenig wie alle in unserer Familie, wo sich der jetzt nach über hundert Jahren befindet." Michael war hellwach und wollte wissen:

„Was hat es denn mit dem Ring auf sich?"

„Das ist eine längere Geschichte." Michaels angehende Klientin sah ihn an, als zweifelte sie, dass er an einer längeren Geschichte interessiert war.

Michael straffte seinen Rücken.

„Ich bin ganz Ohr. Möchten Sie einen Kaffee?"

„Ganz auswendig, glaub ich, bringe ich das Ganze aber nicht zusammen", seufzte Frau Braun. Sie holte ein zweites, zusammengefaltetes Papier aus dem Umschlag. „Und ja, wenn es Ihnen keine Umstände macht, ein Kaffee wär' mir ganz recht, bitte."

Michael eilte zur Kaffeemaschine. Die Thermoskanne war noch fast voll. Er nahm eine große Tasse, ein Haferl, und schenkte ein.

„Milch? Zucker?", fragte er über die Schulter.

„Ja, bitte." Michael rührte kurz um und brachte ihr den Kaffee an den Tisch.

„Dankeschön."

Sonja Braun nippte am Kaffee, ohne ihren Blick von dem Blatt in ihrer Hand abzuwenden.

„Das hat Hans mal aufgeschrieben. Ich bringe das alles nicht zusammen, ohne seine Aufzeichnungen. Also, das war so:

Durch die lange Zugehörigkeit Julisch Venetiens-Friaul zur österreichischen Monarchie gab es viele deutschsprechende Einwohner in der heute zu Italien gehörenden Provinz. Maria Robertis diente 1896 bis 1900 als Hausmädchen im Hause eines verheirateten italienischen Gutsherrn, dessen Name nicht mehr bekannt ist. Jener Herr schwängerte Maria. Am Ende ihrer Schwangerschaft wurde Maria in ein von Klosterschwestern geführtes Hospital, wahrscheinlicher aber direkt in ein jetzt womöglich nicht mehr existierendes Kloster der Serviten, einem marianisch geprägten Bettelorden gebracht."

Sonja Braun kniff ihre Lippen kurz zusammen und blinzelte nachdenklich. Michael staunte, dass sie keine Lesebrille brauchte und dachte, ihre Augen würden schmerzen. Doch sie suchte anscheinend nach Worten für ihren Gedanken.

„Also, die Nonnen bettelten nicht, hat der Hans rausbekommen. Die hatten schon Besitz und so. Aber sie kümmerten sich um die Armen und Ärmsten, und das ging ja wohl nur, wenn sie nicht selbst bettelarm waren, hat Hans gesagt. Jedenfalls:

Dort sollte Maria ihr Kind zur Welt bringen. Da sie unverheiratet war, diente ein, durch die Schwangerschaft vom geschwollenen Ringfinger nicht mehr abzuziehender Ring als Alibi für ihre angebliche Ehe. Dieser Ring, den ihr der Kindsvater mehr oder weniger als Schweigegeld geschenkt hatte, trug einen wertvollen Stein, wäre aber mit diesem Stein nicht als Ehering zu definieren gewesen. So drehte Maria den Stein auf die Unterseite des Fingers, wo er von nun an verborgen blieb. Im Gegensatz zu einer ehrbar verheirateten Schwangeren hätten ihr die medizinisch kundigen Schwestern sonst die Geburtshilfe verweigert."

Sonja Braun schaute von ihrem Blatt auf und nahm dieses Mal einen großen Schluck aus dem Kaffeehaferl.

Michael hatte sich inzwischen nach vorne gebeugt und seine Unterarme auf die Schreibtischplatte gelegt. Er nickte Frau Braun aufmunternd zu, weiterzulesen und -zuerzählen, falls sie noch Zweifel hegte, er würde sich nicht dafür interessieren.

Frau Braun räusperte sich und fuhr fort:

Während der Geburt aber öffnete Maria ihre Hand, vor Schmerz nicht mehr auf den Ring achtend. Die Klosterschwestern brachten die Geburt zwar zu Ende. Nachdem sie aber den kostbaren Ring enttarnt hatten, gelang es den Nonnen, ihn durch abschwellende Mittel abzuziehen. Er ging in deren Hände über, als Entschädigung für die gottlose Täuschung, wie sie sagten. Das Gold und der Stein sollten in Wahrheit als willkommene Aufbesserung der Klosterfinanzen dienen.

Das Kind, ein Mädchen, bekam den Namen ihrer Mutter: Maria.

Maria Robertis wurde arm und mit dem Kind zurück über die Alpen nach Rosenheim gebracht, wo sie früh an der Spanischen Grippe verstarb. Ihre Tochter Maria war gerade neunzehn Jahre alt geworden. Kurz vor ihrem Tod im Jahre 1919 hatte Maria Robertis ihrer Tochter von dem Ring erzählt. Ihre Mutter beschrieb ihn so genau, dass die junge Maria eine exakte Zeichnung des Rings anfertigte, um ihn irgendwann aus dem Kloster in Italien auszulösen. Daraus wurde nie etwas. Den Ring, der ihr ihre sichere Geburt ermöglicht hatte, bekam sie zeitlebens nicht zu Gesicht.

Im Jahre 1982 verstarb Maria Braun. Die Wahrheit sollte dennoch nicht mit ihr verlorengehen. Die junge Maria heiratete 1923 den Rosenheimer Theaterspieler und Staatlich Geprüften Desinfektor Georg Braun, mit dem sie im August 1925 ihren ersten Sohn bekam. Es folgten 1927 und 1930 zwei Töchter.

Maria Braun hinterließ also einen Sohn, den 1925 geborenen Johann Braun, und seine beiden jüngeren Schwestern. Alle drei kannten die Geschichte über die Geburt ihrer Mutter und das Schicksal, das mit dem Ring verbunden war.

Nachdem der Johann im Jahr 2003 verstorben war, kam die Zeichnung des Rings beim Stöbern in seinem Nachlass zu Tage. Als ältestes Kind von Maria Braun hatte er das Bild nie weggeworfen und auf dessen Rückseite Notizen über den Anlass der Zeichnung hinterlassen.

Die ältere der beiden Schwestern fühlte sich nach der Beisetzung ihres Bruders Johann verpflichtet, ihren Familienmitgliedern die Wahrheit über die Geburtsumstände ihrer Mutter mitzuteilen. Dass ihr unbekannter Urahn ein italienischer Großbürger oder sogar Adeliger gewesen sein soll, der seine Vaterschaft vertuschen wollte, kam bei manchen nicht so gut an.

Andere fanden die Geschichte interessant. Einige wollten der Sache nachgehen.

Die ältere Schwester hatte natürlich auch mir, ihrem Sohn Hans Braun, (ich trage den Namen Braun meiner unverheirateten Mutter), den Hintergrund der Zeichnung und der Notizen weitergegeben. Ich, Hans Braun, geboren 1957, wurde der Ehemann von Sonja Braun.

Einige der Familie, darunter auch ich, bemühten sich um Aufklärung unserer Familiengeschichte. Schlussendlich hatte Maria Robertis um 1900 den wertvollen Ring vom Vater ihres Kindes bekommen, um ihr den weiteren Weg mit dem Kind finanziell zu erleichtern – und zu schweigen. Tatsächlich hatte Maria Robertis die Identität des Kindsvaters verschwiegen, obwohl ihr das einzigartige Juwel abgenommen worden war.

Frau Braun erzählte nun weiter, ohne auf das Papier zu sehen.

„Wissen Sie, Herr Warthens, was aus dem Ring wurde, hätte man im Kloster erfragen können. Ich weiß nur, nach zwei Weltkriegen und diversen politischen Verschiebungen von Grenzen, einem schweren Erdbeben in der Region Friaul 1976, sowie im Zuge der langen Zeitspanne und den traurigen Auswirkungen der Corona-Krise besonders in dieser Region Italiens, führt die Spur ins Nichts."

Sonja Braun ließ das Blatt in ihren Händen sinken. Ihre letzten Sätze hatten wie auswendig gelernt geklungen. Michael bemerkte die Tränen, die ihr vielleicht weniger wegen der ihr bekannten Geschichte in ihre Augen geschossen waren. Die Aufzeichnungen hatte ihr Mann zu Lebzeiten zusammengetragen, hatte sie ihr vielleicht selbst vorgelesen. Sonja Braun kämpfte sichtlich mit sich, dass die Erinnerung an ihn und seine Stimme sie nicht überwältigte.

Michael ließ ihr noch ein wenig Zeit und lehnte sich zurück. Dann holte er Sonja Braun wieder in die Gegenwart: „Danke, Frau Braun. Das war wirklich sehr aufschlussreich. Aber zurück zu dem Mann an Ihrem Familiengrab. Der hat wirklich den Ring, also diesen Ring erwähnt?"

Sonja Braun steckte die Zeichnung und das Papier mit den Aufzeichnungen zurück in den Umschlag. Nach einem letzten Schluck aus dem Kaffeehaferl wirkte sie wieder gefasst.

„Ich glaube nicht, dass der Mann über den Verbleib des Rings Bescheid weiß. Der suchte doch nur einen Grund, mich anzusprechen. Was er wirklich wollte, weiß ich nicht. Ich war schon bei der Polizei, die aber nicht reagiert hat, weil ja nichts passiert ist, außer, dass mich ein Fremder angesprochen hat. Die haben sich nur meine Aussage über den seltsamen Kerl notiert, falls sich irgendwann mal etwas ergibt. Vielleicht sei er ja nur an mir persönlich interessiert, hat der Polizist lächelnd gemeint.

Dass anschließend der Friedhofsgärtner mit ihm sprach, habe ich nicht ausgesagt, weil das zu dem Zeitpunkt nicht so wichtig war. Aber Claudius hat ihn zur Rede gestellt.

„Claudius?", hakte Michael ein.

„Ja, die Sache mit Claudius hat mich doch überhaupt bewegt, Sie aufzusuchen."

Wieder griff sie in ihre Tasche. Diesmal kam ein klein zusammengefaltetes Zeitungsblatt zum Vorschein. Michael las die Pressemitteilung über den Leichenfund im Gully-Schacht aus Großkarolinenfeld zum zweiten Mal. Wie es seine detektivische Art war, hatte er sich beim ersten Lesen der Meldung automatisch Möglichkeiten ausgemalt, wie ein Unfall dieser Art überhaupt möglich sein konnte. Nun landete der Vorfall auf seinem Schreibtisch?

„Das ist – war der Friedhofsgärtner", verbesserte sich Frau Braun. „Ich kenne ihn. Der wäre nie so blöd gewesen, allein in den Schacht zu steigen. Da stimmt was nicht. Und wenn er schon Tage tot war, dann ist das kurz danach passiert, wo er mit dem Mann vom Friedhof geredet hat. Das war, nachdem ich den, der angeblich etwas über den Ring weiß, abgewiesen habe. Ich hatte den Eindruck, dass die beiden nicht sehr freundlich zueinander waren. Was sie gesagt haben, hörte ich nicht. Ich glaube, sie mäßigten sich bald und diskutierten auf weniger aggressive Weise. Nun ist der Friedhofsgärtner, Claudius, unter merkwürdigen Umständen gestorben. Unternehmen Sie was, Herr Warthens? Ich möchte nicht noch einmal zur Polizei gehen, so wie ich behandelt wurde. Als sei ich nicht ganz dicht im Kopf. Ich zahle freilich ..."

„... meinen Mindesttarif, Frau Braun, das reicht.

26) Die Friedhofsverwaltung

Hatte am Donnerstag nachmittags geöffnet. Bis 16.00 Uhr. Kommissar Kreutz, der mit den auf dem Friedhof reichlich schwirrenden Birkenpollen zu kämpfen begann, und KHM Kohlbeck betraten um 15.50 Uhr das winzige Büro.

„Grüß Gott", empfing sie die Dame hinter dem schmalen Schreibtisch, auf dem ein breiter PC-Monitor wie überdimensioniert wirkte. „Wir schließen gleich, aber nehmen Sie gerne Platz."

„Wir stehen lieber", sagte Kreutz und zupfte Kohlbeck, der sich schon den einen von zwei Stühlen zurechtrückte, unsanft am Ärmel. Er holte seinen Ausweis aus dem Jackett. „Mein Name ist Kreutz, Kommissar der KPI Rosenheim, und das ist Kriminalhauptmeister Kohlbeck. Entschuldigen Sie den unangemeldeten Besuch, aber Sie können sich denken, warum wir hier sind?"

Seinen Dienstausweis steckte er rasch zurück in die Sakkotasche und tauschte ihn gegen ein Papiertaschentuch.

Die brünette Dame hauchte ein Tja. Sie stellte sich als Jutta Wolf vor. „Herr Altmann, Claudius, wäre ja bald in Rente gegangen. Und nun das. Entsetzlich."

„Ja", stimmte Kreutz emotionslos zu, „aber ein paar Fragen hätten wir dazu an Sie. Sind Sie zuständig für die Belange des Friedhofs?" Mit dem Taschentuch vor die Nase gedrückt, kam er einem Niesanfall zuvor.

„Schon. Ja." Frau Wolf brachte sich in eine aufrechte Position. „Meine Mitarbeiter und ich kümmern uns unter vielem anderen um die Nutzungsrechte der Grabstellen und beraten Hinterbliebene."

„Ihre Mitarbeiter?", fragte Kohlbeck nach. „Sie sind also die Leiterin der Verwaltung?"

„Ja, freilich."

Jetzt machte Kreutz weiter:

„Wie ist das, wenn ein Beschäftigter wie Herr Altmann unentschuldigt nicht zur Arbeit erscheint? Fragen Sie da nicht nach?"

Frau Wolf brummte etwas Unverständliches, wandte sich dem Monitor zu, klickte ein paar Male darauf herum und drehte den Bildschirm anschließend zu den Herren von der Kripo.

„Hier, das ist sein Urlaubsantrag. Sie sehen, er konnte nicht unentschuldigt fernbleiben, weil er sich zum Zeitpunkt seines Ablebens im Urlaub befand."

Kreutz und Kohlbeck nickten.

„Danke", sagte Kreutz und schniefte auf.

Kohlbeck holte ein winziges Tablet aus seiner Jackentasche und fotografierte Claudius Altmanns Urlaubsdaten ab.

„Eigentlich ginge das ja nicht", erklärte Frau Wolf. Sie drehte den Monitor wieder zu sich und betrachtete versonnen die Einträge der Urlaubsverläufe darauf. „Es waren fünf Tage Resturlaub aus dem Vorjahr. Der Jahresurlaub kann nur in Ausnahmefällen ins nächste Jahr mitgenommen werden. Aber bei Herrn Altmann machte ich heuer genau diese Ausnahme. Wir haben ihn nach dem Unwetter im August letzten Jahres aus dem Urlaub geholt, um hier wieder alles in Ordnung zu bringen. Ein paar Kollegen vom städtischen Bauhof halfen ihm dabei, das ganze Chaos zu beseitigen. Die Leute erwarten schließlich für ihre Gebühren, dass der Friedhof ordentlich gepflegt wird, und ..."

„Ja, danke", unterbrach sie Kreutz. „Wie war er denn, der Herr Altmann? Könnte er Feinde gehabt haben?"

„Also, was seine Arbeit angeht, war er immer korrekt, ein ruhiger Mensch eigentlich. Was er privat tat, weiß ich kaum. Er lebte allein in einem Häuschen draußen in Großkarolinenfeld – aber das wissen Sie ja."

„Gehörte ihm das Haus?", fragte Kohlbeck und erntete einen üblen Seitenblick von Kreutz. Private Umstände von Opfern waren schließlich über andere Behörden von Polizeiseite locker zu erfahren.

Frau Wolf antwortete, Herr Altmann habe wohl zur Miete dort gewohnt. Dass er kein Internet habe, sei ihm relativ egal gewesen, wusste sie.

„Dafür bezahlte er nur wenig Miete und kümmerte sich nebenbei um das Grundstück. Ich glaube, finanziell ging es ihm zwar nicht schlecht, aber große Sprünge konnte er mit seinem Gehalt auch nicht machen."

Kohlbeck räusperte sich, weil eine Nachricht von Anwärterin Thaler aus der Inspektion auf seinem Tablet aufpoppte. Er zeigte sie dem Kommissar.

„So ein Zufall, was?"

Sandra Thaler schrieb, dass der Vermieter von Altmann in Schweden lebe und über das Ableben seines Mieters informiert worden sei.

Kreutz deutete ein Kopfschütteln an, das seinen Ärger über so manche Arbeitsweise seiner Mitarbeiter ausdrückte. Er hatte es plötzlich eilig.

„Danke, Frau Wolf. Das war's. Schönen Feierabend."

Draußen kapitulierte er vor den Birkenpollen und ließ seiner Nase lautstark freien Lauf.

27) SONJA BRAUN

LEHNTE MICHAELS RAT, MIT IHREM VERDACHT ZUM TOD VON HERRN CLAUDIUS Altmann doch zur Polizei zu gehen, erneut vehement ab. Sie fragte Michael, ob er das nicht übernehmen möchte. Er registrierte sie als Klientin, ließ sich ihren Ausweis zeigen und übergab ihr ein Standardschreiben zum Datenschutz. Nach ihrer Unterschrift auf dem Ermittlungsvertrag verabschiedete sie sich, sichtlich erleichtert, dass jemand sie in diesem Fall ernst nahm.

Sofort nach ihrem Abschied stürzte sich Michael am Laptop in erste Recherchen. Zunächst über den Namen John, der Patientin von Sabine Stern, die an einem anaphylaktischen Schock gestorben war. Die Ermittlungen für seine neue Klientin Sonja Braun stellte er hinten an. Eins nach dem anderen.

In der Stadt und im Landkreis gab es laut Telefonbuch 36 Johns. Das waren nur registrierte. Wie viele nicht offiziell aufgeführt wurden, konnte Michael im Moment nicht herausfinden. Er filterte alle Einträge mit weiblichem Vornamen heraus. Manchmal standen männliche und weibliche Vornamen dabei. Also nahm er die ebenso in seine Liste auf. Natürlich waren sicher welche darunter, die nur den Namen des Haushaltsvorstands angegeben hatten, bei Älteren meistens der Mann, dessen Anschluss ebenso eine Ehefrau oder Lebensgefährtin benutzte. Im Festnetz, wohlgemerkt. Viele besaßen keines mehr, nutzten ausschließlich Mobiltelefone oder gar Tablets, diese Alleskönner, ärgerte sich Michael über die modernen Zeiten. Er klapperte Adressbücher ab, gab den Namen John in Maps ein und sortierte die Treffer.

Glück gehört dazu, sagte er sich. Vielleicht war ja die richtige John unter allen Treffern. Neunzehn genau. Das Alter sollte zwischen ungefähr achtzehn und dreißig liegen, rechnete er sich aus. Sie war sehr jung und hatte eine Allergie, aber alt genug, um aus eigenem Antrieb zu einer Heilpraktikerin zu gehen. Plus-minus zwei, drei Jahre womöglich. Und sie besaß ein ordentliches Einkommen oder einen Mann mit solchem an ihrer Seite, um sich regelmäßige Sitzungen bei Frau Stern leisten zu können. Bei einer jüngeren Frau konnten es freilich die Eltern gewesen sein, die ihre Behandlung bezahlten.

Berti hatte erwähnt, dass die Sabine bei ihren Honoraren ordentlich zulangte. Michaels Tante nahm Frau Sterns Hilfe deshalb sehr dosiert in Anspruch, obwohl sie seit dem Erbe des Hauses ihrer Schwester, das sie verkauft hatte, nicht übermäßig sparen musste. Sie hielt ihr Geld halt zusammen.

Michael konnte keine weiteren weiblichen Johns aussortieren, als diese neunzehn. Wenn die verstorbene Dame eine Tochter war, die noch daheim gelebt hatte, bei ihrem Vater möglicherweise … Scheibenkleister. Michael ruderte zurück und behielt alle 32 auf seinem Schirm. Er hoffte, später mehr Details herauszufinden, die die Suche eingrenzten.

Der Friedhof! Natürlich. Diese Frau John musste doch beerdigt worden sein. Sie lag womöglich auf dem Rosenheimer Friedhof. Zwar gab es zwei weitere städtische und vier kirchliche Friedhöfe im Rosenheimer Stadtgebiet, aber zunächst nahm er sich den größten, den städtischen Friedhof an der Klosterkirche vor.

Wenn er in den Online-Todesanzeigen des vergangenen Jahres nichts fände, würde er direkt zur Friedhofsverwaltung gehen. Es dauerte vier Minuten, bis er dies in die Tat umsetzte. Vorher noch schnell ein Anruf bei Berti: „Wann, hast du gesagt, sei die John laut Frau Stern gestorben?"

„Gar net. Aber ich glaub', sie hat g'sagt, so ungefähr im September. Oder Oktober? Wurscht. Im Herbst halt."

„Super, danke, Tanterl."

Er wartete den Protest nicht ab und legte auf. Donnerstag, halb vier. Die Verwaltung machte um vier zu. Das schaffte er.

28) Die Serie

Mit den wandelnden Toten kam Kommissar Kreutz in den Sinn. KHM Kohlbeck und er waren zu Fuß den kurzen Weg über den Großparkplatz Loretowiese zum Friedhof gegangen. Jetzt, auf dem Rückweg zum Präsidium am Ausgang des Friedhofs an der Klosterkirche, musste er an diese irre Serie denken, in der Untote über Friedhöfe wandelten und unmögliche Abenteuer erlebten. Ende letzter Woche erst war eine Frau ins Präsidium gekommen und erzählte irgendeinen Schmarren von einem seltsamen Mann, der sie am Familiengrab angequatscht hätte. Meine Güte, wenn alle misstrauisch würden, die auf dem Friedhof angesprochen werden, hagelte es wahrscheinlich reihenweise Anzeigen wegen verbaler Belästigung.

Die Leute sollen sich nicht dauernd so einen Scheiß mit Zombies reinziehen, fluchte Kreutz innerlich. Sein Niesanfall hatte sich gelegt, aber dafür brannten seine Augen, als hätte ihm jemand Pfefferpulver hineingestreut.

Kohlbeck hatte kein Wort geredet, seit sie in der Friedhofsverwaltung Frau Wolf befragt hatten. Dachte er nach? Kreutz kam zu dem Schluss, dass das eher nicht der Fall sein konnte.

„Na, Kohlbeck, wie schätzen Sie den Hergang des Todesfalls von Altmann ein? Unfall oder nicht?" Kohlbeck räusperte sich.

„Ich? Ähm, also so wie das aussieht, und der Dok sagte doch, dass wieder ein Haarbüschel fehlt, dann ist das kaum ein Unfall gewesen. Aber wie sollen denn die drei Fälle, also die Frau Stern, der Hirschbichler und nun der Altmann, zusammenhängen?" Kreutz beschleunigte seine Schritte. Soeben kamen sie am Glückshafengebäude vorbei, das während des Herbstfestes auf der Loretowiese als Polizeiwache und Losbude diente.

„Tja, Kohlbeck, um das herauszufinden, sind wir bei der Kripo, nicht wahr."

Kohlbeck hielt kaum Schritt mit Kreutz. Wenn der Kommissar Gas gab, war er kaum zu halten. Der Kriminalhauptmeister konnte sich auf schwierige und lange Arbeitstage gefasst machen.

29) *Gerade noch*

Rechtzeitig trat Michael zur Seite und hinter einen Grabstein. Kreutz und sein Begleiter verließen in diesem Augenblick das Büro der Friedhofsverwaltung. Wenn Kreutz nicht so lautstark geniest und sich geschnäuzt hätte, wäre Michael vielleicht nicht auf die beiden aufmerksam geworden. Glück gehabt.

Die Polizei hatte Jutta also über Claudius Altmanns Beruf als Friedhofsgärtner ausgefragt.

Jutta Wolf kam kurz nach den Kripobeamten aus dem Büro. Michael überzeugte sich davon, dass die Herren der Exekutive endgültig verschwunden waren und beeilte sich, Jutta von ihrem Feierabend abzuhalten.

„Servus, Jutta."

„Michi? Was machst du denn hier? Ist deine Tante Berti ..."

„Um Gott's Willen, nein."

Jutta trug eine Umhängetasche, unter deren Riemen sie ihren linken Daumen einhakte. Mit rechts steckte sie den Schlüssel ins Schloss des Büros.

„Ich sperre nur schnell zu."

„Äh—nein, warte bitte."

Jutta ließ einen tiefen Seufzer hören. Sie und Michael kannten sich seit der Zeit, als seine Eltern kurz hintereinander gestorben waren. Trotz der Umstände hatten sie sich sofort gegenseitig sympathisch gefunden. Michael hatte noch nicht als Privatdetektiv gearbeitet, und Jutta Wolf war erst ein Jahr zuvor von der Personal- in die Friedhofsverwaltung gewechselt. Fünfzehn Jahre waren seither vergangen. Zwei Wochen nach der Beerdigung seines Vaters, der den Tod seiner Frau nicht überwand, hatten sie sich ein paar Male zum Kaffeetrinken verabredet. Als Paar waren sie dann doch nie zusammen gewesen. Was blieb, entwickelte sich zu einer lockeren Freundschaft.

Bald darauf hatte Jutta Michaels Tante kennengelernt, die ihren Neffen gerne unter der Haube mit ihr gesehen hätte. Seit Conny wieder in sein Leben getreten war, trafen sie sich zwar seltener, aber auf dem Rosenheimer Herbstfest hatte sie im vorletzten September gemeinsam mit ihm, Berti und Conny an einem Biertisch gesessen. Sie wäre an ihnen vorbeigegangen, hätte Michael sie nicht aufgehalten und an den Tisch gebeten.

Dabei erfuhr Michael, dass Jutta die Leitung der Friedhofsverwaltung übernommen hatte, nach drei Jahren Ehe wieder geschieden war und sie und Conny sich ebenfalls kannten. Leider von Beisetzungen, nachdem Connys Eltern bei einem Autounfall in Frankreich ums Leben gekommen waren. Jutta hatte ihr unbürokratisch bei der Überführung mit Tipps und Anrufen bei Behörden geholfen.

„Was ist? Café Weth?", zwinkerte sie Michael zu. Dort hatten sie sich anfangs ein paar Male getroffen.

Klar, sie hatte Feierabend und sicher die Nase voll vom Büro. Michaels Gedanken sprangen sofort zu Conny. Die hatte aber nie den Eindruck gemacht, auf die sehr viel jüngere Jutta eifersüchtig zu sein.

„Okay. Dann riskier ich's halt, mich von Conny mit dir beim Plaudern im Café erwischen zu lassen."

Bis zum Café war es zu Fuß ziemlich weit, eine Viertelstunde sicher. Aber die Sonne schien vom makellosen Himmel, und ein laues Lüftchen wehte über der Stadt und den Gräbern. Jutta schob ihr Fahrrad neben Michael her. Ihre Tasche hatte sie im Fahrradkorb über dem Hinterrad verstaut. Michael bot zwar an, ihr das Schieben abzunehmen. Aber sie lehnte sein Angebot ab und krallte ihre zierlichen Hände fester um die Lenkgriffe.

Weit vor ihnen entdeckte Michael den Kommissar und seinen Kollegen, die soeben den Friedhof über den Ausgang an der Klosterkirche verließen.

„Hast du überhaupt Zeit?", erkundigte sich Michael und blieb für einen Moment stehen, um den Kripomännern mehr Vorsprung zu geben. Kreutz zählte sicher eins und eins zusammen, wenn er ihn mit Jutta sehen würde. Und auf seine lästigen Fragen, ob er sich in den aktuellen Fall des Gärtners einmische, herumschnüffle, konnte er gerne verzichten.

„Alle Zeit der Welt", bestätigte Jutta und schob ihr Fahrrad weiter. „Was führt dich denn zu mir? Du hast doch im Bierzelt damals erzählt, du seist jetzt Privatdetektiv. Geht's um unseren Gärtner, gell?"

„Gut kombiniert. Aber das besprechen wir besser nicht auf der Straße." Michael kam es wie eine Ewigkeit vor, seit sie sich vor mehr als eineinhalb Jahren auf dem Herbstfest getroffen hatten. Im letzten Jahr war die Wies'n Corona-bedingt in der traditionellen Form ausgefallen und es hatte den Sommer über nur kleinere Events über die Stadt verteilt gegeben.

Sie nahmen den Weg an der Loretowiese vorbei über den Kapuzinerweg zur Kaiserstraße. Durch das Stadttor Mittertor mit dem städtischen Museum gelangten sie auf den Max-Josefs-Platz, der größten Fußgängerzone Rosenheims. Kurz hinter dem Tor steuerten sie links das Café an, von dessen erster Etage aus man einen großen Teil des Platzes überblickte. Immer wenn er einen der begehrten Fensterplätze dort oben ergattert hatte, gab der Ausblick Michael das Gefühl, alles im Griff zu haben. Zu überschauen.

„Schön, dass es geklappt hat mit einem Fensterplatz", dankte er der Serviererin Gabi, die er von seinen Besuchen hier kannte, „danke."

Ein paar Monate zuvor hätten sie Meldezettel mit ihren Kontaktdaten ausfüllen, und bis zum Tisch Mund-Nase-Masken tragen müssen. Mehr Abstand der Tische und weniger Sitzplätze waren seit den Corona-Beschränkungen geblieben.

Sie bestellten Cappuccini, Mineralwasser, und Michael brauchte unbedingt den guten Erdbeerkuchen aus der Theke. Jutta ließ den Kuchen aus.

„Langsam muss ich aufpassen, dass ich meine Kleidergröße nicht nach oben korrigieren muss."

Als Gentleman schwieg Michael dazu.

„Wie alt war er denn, euer Gärtner?"

„Claudius wollte bald in Rente gehen. Mit 65 war er sowieso schon drüber. Er konnte wegen der 45-Jahre Regel schon mit 64 gehen. Aber ihm ging es finanziell nicht so gut. Er hatte kein Wohneigentum, soweit ich weiß, aber vielleicht hat er sich ja was erspart im Laufe der Jahre. Für ein dauerhaftes Leben in Spanien, wie er mir mal verriet, mit Miete, Auto und Restaurants wär's knapp geworden."

„Na ja", fügte Michael hinzu, „das wär's dann hier wohl genauso."

Jutta nickte und nahm einen Schluck Wasser.

„Klar. Das eine Jahr brachte ihm halt noch ein paar Euros mehr zum Ersparten ein. Mit einigen hundert weniger im Monat und keinen Zulagen wie einem dreizehnten Gehalt kannst du eben keine großen Sprünge machen, weder hier noch anderswo."

Michael rutschte unangenehm berührt ein Stück höher. Eine Rente bekam er sicher in vier Jahren. Davon zu Leben hatte er sich abgeschminkt. Die paar Jahre Einzahlung als Angestellter bei der Bank und schlecht bezahlte Jobs hatten seine Rentenerwartungen ins Bodenlose gedrückt. Wenigstens lief sein Laden, und er konnte jetzt auf den letzten Drücker etwas beiseitelegen.

„Okay, glaubst du, es war ein Unfall, dass er nicht mehr aus dem Abwasserschacht kam?"

„Meine Güte, Michi, ich war ja nicht dabei. Der Arme. Es tut mir so leid. Wir kannten uns schließlich fünfzehn Jahre lang."

Jutta war den Tränen nahe.

„Hatte er Feinde?", fing Michael sie auf. „Mir hat eine Friedhofsbesucherin erzählt, sie habe beobachtet, wie der Gärtner an den Tagen vor seinem Tod mal mit jemand Streit auf dem Friedhof gehabt hat."

„Der Claudius? Streit?" Sie schüttelte den Kopf. „Da müsste schon jemand mutwillig an seine Pflanzen gegangen sein, damit er mal laut wurde. Ansonsten …?"

„Gibt es jemand, der öfter auf dem Friedhof ist? Jemand mit dem Namen John?"

Jutta schaute sinnierend aus dem Fenster. Unten auf dem Max-Josefs-Platz tummelten sich die Leute. Jetzt zeigte sich wieder ein ganz anderes Bild als ein Jahr zuvor, als die Ausgangsbeschränkungen wegen der Ansteckungsgefahr durch die Covid-19-Viren herrschten. Viele kamen nun nach und nach aus ihren Büros oder den Firmen, die gegen vier oder fünf Uhr nachmittags schlossen, und gingen shoppen oder trafen sich mit Freunden. Vielleicht machte das Jutta zu schaffen, die seit ihrer Scheidung nur wenig Kontakt zu früheren Verwandten, Bekannten oder Freunden pflegte, wie Michael sie auf dem Herbstfest verstanden hatte. Sie war ja die Friedhofstante. Die, die täglich mit dem Tod zu tun hatte. Und den will man meiden.

„John?", wiederholte sie. „Doch, ist noch nicht lange her, da wurde jemand mit dem Namen bei uns beigesetzt."

Sie sagte bei uns. Für Michael klang das beinahe makaber. Und ein wenig traurig. Dennoch, es war ja ihr Job, ihr Arbeitsplatz. Natürlich sagt man da bei uns.

„Okay, Jutta. Weißt du den Vornamen noch?"

„Warte." Sie spülte ihre Gedanken beim Blick aus dem Fenster mit dem restlichen Wasser durch ihre Kehle. Dann winkte sie Gabi.

„Bringen Sie mir bitte ein Glas Weißwein? Trocken."

Gabi eilte davon.

„Laura. Genau. Laura John. Sie war jung. Zwanzig, höchstens zweiundzwanzig. Ein ziemliches Drama. Ihr Mann ist fast durchgedreht bis zur Beisetzung, hat mal furchtbar rumgeschrien, als er die voraussichtlichen Kosten für das Grab und die Beerdigung erfahren hat. Danach hat er sich dann aber zusammengerissen."

Michael schrieb den Namen und das Alter ins Handy unter Notizen und fragte: „Und er?"

„Wer? Ach so. Jan. Ich kann mich gut an den Namen erinnern: Jan John. Wenn man ihn deutsch ausspricht, klingt er ja wie so ein chinesischer Konzertpianist. Deshalb stellte er sich wahrscheinlich mit Tschon vor. Englisch. Aber ein Brite oder Ami ist der nicht."

Michael tippte fleißig in sein Handy. Er sah, wie Gabi den Wein für Jutta auf den Tisch stellte – und wie Sonja Braun von der Treppe heraufkam und sich nach einem freien Platz umsah.

30) Dr. Baumgartner

Strich sich mit den Fingern über die glatten, zurückgekämmten Stirnhaare. Die Latexhandschuhe ziepten sichtlich, weshalb er die Augen für einen Moment schmerzgeplagt zusammenkniff.

Kommissar Kreutz schätzte sein Alter zwischen 35 und Vierzig. Genau wusste er es nicht. Es war ihm egal, solange der Dok ihm weiterhalf.

„Und, Doktor?"

„Die toxikologischen Gutachten der drei relevanten Leichname geben keinen Hinweis auf Vergiftung, schon gar keine gleichartige. Außer, dass zwei Haarbüschel mit derselben Schere abgeschnitten wurden, und bei Altmann ebenso jemand an der vergleichbaren Stelle am Kopf geschnippelt hat, kann ich keinen offensichtlichen Zusammenhang erkennen."

Kreutz drückte die Brille, die er neuerdings öfter als ihm lieb war aufsetzen musste, von seiner Nasenspitze wieder direkt vor die noch immer geröteten Augen.

„Ob ich damit grünes Licht für eine Mord- anstatt einer Unfallermittlung bekomme? Ich weiß nicht."

„Ich kann das Gutachten schon so schreiben", schlug Dr. Baumgartner vor, „dass der Chef die Todesfälle als Mord einstuft."

„Wissen Sie, Doktor, auch wenn die Haare posthum abgeschnitten wurden, kann es doch sein, dass es sich trotzdem um Unfälle handelt? Haare abschneiden geht ja höchstens als minimale Leichenschändung durch." Kreutz stützte sich auf den Rand des Seziertischs, auf dem im Moment keine Leiche lag. „Haben Sie nicht mehr?"

„Sie sind ziemlich sicher, dass es Morde waren, oder Kommissar?"

Der nickte und schnaufte tief durch. Er genoss die von Pollen freie Luft in der Pathologie.

„Staatsanwalt Feldmann und der Pullmann geben mir sicher nicht mehr Leute, nur weil sich jemand stümperhaft als Friseur ausprobiert hat."

„Jemand, der das an drei völlig voneinander unabhängigen Personen getan hat, Kommissar. Mit derselben Schere, denn ich nehme an, das Ergebnis von Altmanns Haarprobe läuft auf dieselbe Neusilberlegierung hinaus wie bei den anderen beiden. Das werde ich bald erfahren." Dr. Baumgartner atmete ebenfalls tief durch. „Ich habe mir die ganze Arbeit, nicht zu vergessen die Semi-Obduktion einer exhumierten Leiche, nicht gemacht, damit alles beim Alten bleibt. Ich rufe jetzt mal den Pullmann an."

Baumgartner besaß einen besseren Draht zu Heinz Pullmann, den kantigen Leiter des Kriminalfachdezernats Mord, als der jüngere Kommissar Kreutz. Der hatte erst einen einzigen Mordfall in seiner kurzen Dienstzeit bearbeitet. Einen wirklichen Namen hatte er sich damit nicht gemacht, denn ein gewisser Michael Warthens, Privatdetektiv, hatte einen wesentlichen Anteil an der Aufklärung gehabt.

„Der Chef wird sich schon überzeugen lassen, Ihnen wenigstens ein oder zwei Beamte mehr zur Verfügung zu stellen. Frau Thaler hat ja noch etliche Prüfungen vor sich, bis sie ihre Anwartschaft abgeschlossen hat. Im Übrigen bin ich Ihrer Meinung, Kommissar."

In Kreutz' Miene mischte sich ein feiner Pinselstrich heller Farbe.

Gideon Baumgartner griff zum Mobilteil des Festnetztelefons.

„Die drei Todesfälle", beeilte er sich, während er wählte, zu sagen, „hängen zusammen. Es sind Tötungsdelikte. Andere Hinweise an den Leichen und den Fundorten kann ich in jedem Fall daraufhin interpretieren – ja, Heinz? Ich bin's, Gideon."

31) Im Café Weth

Nahm Jutta Wolf ihr Glas zur Hand und trank es auf einen Zug aus, was Michael nur aus den Augenwinkeln registrierte. Denn hinter Sonja Braun, der Frau mit der Friedhof- und Ring-Geschichte, kam Conny, seine Conny von der Treppe her in den ersten Stock zum Café.

Sollte Michael sich bemerkbar machen? Er zögerte, hin- und hergerissen zwischen Staunen über den Zufall und einem peinlichen Gewissen, sich hier mit Jutta allein getroffen zu haben. Was würde Conny denken? Gut, sie waren nicht wirklich zusammen, irgendwie dann doch, und was er auf keinen Fall wollte, war, sie durch eine Ungeschicktheit zu verlieren.

Hatte er einen Grund für ein schlechtes Gewissen? Schnell verwarf er den Gedanken und winkte Conny und Frau Braun zu, sie sollten sich doch zu ihnen gesellen.

Connys Blick daraufhin drückte aus, was Michael ebenso empfand: Gibt's das?

„Hallo zusammen", grüßte Conny und warf einen kurzen, schattigen Blick auf Jutta, bevor sie sich, noch stehend, Michael zuwandte: „Sonja und ich wollten dich gerade anrufen, Mike."

„Ähm, echt? Wieso?"

Sonja Braun trat ebenfalls an den Tisch am Fenster, an dem es Michael im Moment als sehr gut geheizt empfand. Die hochstehende Sonne schien um diese Zeit von Westen her auf die Fenster des Cafés. Der Max-Josefs-Platz badete im gleißenden Licht.

Frau Braun kam Conny zu Hilfe: „Ich wusste nicht, dass Sie mit Conny so gut befreundet sind. Als ich ihr gesagt habe, dass ich wegen dem Typen auf dem Friedhof bei Ihnen war, hat sie ganz schön geguckt, gell." Sie lächelte Conny an.

„Wir haben nach unserer …" Conny unterbrach sich.

Michael merkte sofort, dass es um eine Beratungssitzung ging, die ihn und Jutta Wolf nichts anging.

„Wir haben uns zufällig getroffen", beeilte sich Sonja Braun zu sagen, „und beschlossen, uns einen Kaffee zu gönnen."

Jutta erfasste die Situation schneller, als Michael erhofft hatte: „Bitte, setzt euch doch. Ich wollte sowieso gerade gehen."

„Aber wegen uns …", kam von Conny.

So wie sie Jutta ansah, hätte sie ebenso gut Schleich dich sagen können. Jutta wirkte trotz ihrer gespielten Lässigkeit angefressen.

„Ich zahl' dann unten an der Kuchentheke." Sie wankte kaum merklich nach dem Aufstehen, schnappte sich ihre Umhängetasche und verabschiedete sich bei Michael. Nur bei Michael. „Also, wenn du noch Fragen hast, du weißt ja, wo du mich findest. Pfiadi."

„Danke. Pfiadi."

Michael lächelte ihr gequält zu. Schnell befand sie sich außer Hörweite.

Conny setzte sich gegenüber Michael an den Vierertisch ans Fenster, der nach rechts den Platz überblickte und in die Sonne blinzelte, Sonja Braun neben sie.

Sonja bestellte ein Kännchen Kaffee bei Gabi, Conny Roibuschtee.

„Woher kennt ihr euch denn?", erkundigte sich Michael, dem nach Juttas Abgang wieder wohler in seiner Haut war. Ein wenig ärgerte er sich, dass er das Gefühl nicht unterdrücken konnte, sich vor Conny rechtfertigen zu müssen.

Conny sah Sonja fragend an, und sie nickte mit geschürzten Lippen.

„Eigentlich wegen meines Berufs", umging Conny zu erklären, Sonja sei eine Kundin. „Manchmal. Aber manchmal gehen wir zusammen shoppen oder zum Essen. Wir sind ja fast derselbe Jahrgang und verstehen uns ganz gut."

„Mhm", machte Sonja, „und Sie, Herr Warthens?"

„Michael, bitte."

„Schön. Ich bin Sonja. Michael, Sie haben Frau Wolf wegen Claudius befragt, oder? Oh, ist das indiskret?"

„Nein, nein", wiegelte Michael ab, froh, dass sich die Wahrheit von selbst einstellte. „Stimmt schon. Du weißt ja, Conny, dass Jutta und ich uns von früher kennen?"

Conny lächelte ihr charmant-unverschämtes Lächeln: Erwischt!

„Du musst dich doch nicht rechtfertigen, dass du recherchierst, Mike."

Michael hätte sie unter dem Tisch am liebsten getreten. Er hatte sich gefangen und schaltete wieder in den Ermittlungsmodus: „Frau – Sonja. Wenn es recht ist, habe ich sowieso noch die eine oder andere Frage an Sie. Dich. Darf ich?"

Gabi brachte den Kaffee und den Tee.

„Bitte, natürlich dürfen Sie – darfst du fragen."

„Bei unserem Gespräch in meinem Büro hast du erwähnt, wie der Mann am Grab dich zunächst angesprochen hat. Was war das doch gleich genau?"

Sonja musste nicht lange überlegen: „Wer ist schuld? Ohne zu grüßen, einfach: Wer ist schuld?"

WER IST SCHULD!

32) Netzwerker

Der Fachabteilungen sollten sich auf alle Fälle noch einmal die Handy-Auswertungen der Toten ansehen, riet Kriminalrat Heinz Pullmann. Besonders die Kontakte in den sozialen Netzwerken, was bei Altmann, dem Friedhofsgärtner, entfallen konnte. Der war nirgendwo angemeldet gewesen und besaß ein altes Klapp-Handy.

Als Leiter der Kriminalfachabteilung mit unter anderem Mord, hatte Pullmann sich nach Dr. Baumgartners Berichten mit Staatsanwalt Feldmann abgesprochen. Und ja, es sei in allen drei Fällen auf Tötungsdelikte hin zu ermitteln. Auch wenn sie wie Unfälle aussahen, die Sache mit den Haaren hatte dann doch den Ausschlag gegeben, näher hinzuschauen.

„Frau Thaler hat da ja schon eine gewisse Vorarbeit geleistet", lobte der Kriminalrat die Anwärterin, „bravo".

Sandra Thalers Wangen färbten sich dunkel. Der bullige Pullmann wirkte präsent im Großraumbüro, als ginge es im Moment ausschließlich um ihn.

Vielleicht soll das so sein, fand Sandra. Schließlich stand er hier als ranghöchster Polizist und Chef zwischen den Schreibtischen, was sonst selten vorkam. Meistens mussten die hier arbeitenden Dienstgrade in der umgekehrten Richtung antreten, ein Stockwerk höher.

Sandra räusperte sich. Sie versuchte, mit fester Stimme und laut zu sprechen, was ihr gelang: „Mit freundlicher Unterstützung der Kollegen von der IT-Abteilung, also denen von der Digitalelektronik und Datenrekonstruktion, habe ich nachgesehen, was Frau Stern und Herr Hirschbichler in ihren je zwei Netzwerken gemacht haben. Markus Hirschbichlers Accounts waren gelöscht worden. Er ist ja seit einem guten halben Jahr tot. Inhalte konnten aber wiederhergestellt werden. Ich fasse mal die relevantesten und häufigsten zusammen: Hirschbichler hat sich Filme runtergeladen, also manchmal auch Pornos, keine Kinder, Gott sei Dank, und Kontakte hatte er zu Arbeitskollegen und einer gewissen Cornelia Linden, so eine Art Hellseherin hier in Rosenheim. Dann mit dem Privatdetektiv Warthens. Aber mit denen hat er nur Termine abgemacht, oder sie haben sich Witze geschickt. Die Accounts bestanden seit etwa acht Jahren. Vorher ist nichts."

„Und die Heilpraktikerin?", trieb sie Kreutz an. Im Beisein des Kriminalrats und KHM Kohlbeck musste er den Chef geben. „Wir haben sicherlich die Daten von nicht mehr aktuellen Patienten von Frau Stern. Von früheren Kontakten?"

Das weiß er doch genau, fluchte Sandra innerlich, dass ich da draufkam. „Genau. Da ist jemand dabei, der sie mal verklagt hat. Wegen Beleidigung, merkwürdigerweise. Es ging um ihr Honorar, der wollte nicht zahlen, und sie hat ihn wohl mit so Sachen wie Schleimscheißer und betrügerisches Arschloch beleidigt. Kam aber nix bei raus."

Kreutz fiel ihr ins Wort: „Und der Name?"

„Der tut nichts zur Sache", wiegelte Kriminalrat Pullman ab. Er schickte Sandra einen strengen Blick.

Natürlich wusste Sandra, dass das kein Verwandter des Kriminalrats gewesen war, sondern Pullmann selbst, der sich den Ärger mit Sabine Stern eingehandelt hatte. Unter Pullmanns unerbittlicher Miene wurde es sehr warm im Großraumbüro. Heiß.

„Natürlich, Herr Kriminalrat."

Kreutz und Kohlbeck tauschten Blicke, die nichts anderes als, was soll das denn, ausdrückten. Der Name wäre sofort auf der Verdächtigenliste gelandet. Wenn das nötig werden sollte, würde sie die beiden später aufklären. Aber nur vielleicht.

„Dann sind da noch brutal viele Aktivitäten in Suchmaschinen", beeilte sich Sandra fortzufahren, „meistens medizinische Seiten, Alternativmedizin und so. Private Kontakte zu Patienten oder Patientinnen bestanden kaum, außer bei einem gewissen Jan John, verheiratet mit einer Laura John, Mädchenname Stromeier."

„Und warum ist das wichtig?" Pullmann war wieder in der Spur.

„Laura John starb jung an einem anaphylaktischen Schock. Frau Stern behandelte sie wegen gewisser Allergien ..."

Kommissar Kreutz und Kriminalrat Pullmann sagten fast gleichzeitig: „Diesen John vorladen. Aber dalli."

33) 18. KW

Die Schere versagt ihren Dienst. Der Mann mit dem kurzen Vollbart flucht leise und zieht sich den Handschuh von der rechten Hand. Mit dem Daumennagel dreht er die Schraube am Scheren-Gelenk, so fest es damit eben geht. Jetzt funktioniert sie wieder halbwegs. Die Haare sind weich und dünn. Etwas kurz leider. Die blöde Kurzhaarfrisur lässt kaum zu, die genaue Stelle zu treffen.

Wenig Licht von ein paar Fenstern des Gebäudes fällt auf ihr Gesicht. Er muss höher gehen, wo die Haare wenigstens ein paar Zentimeter lang sind. Mit aller Vorsicht hebt er den Kopf mit seiner nicht blutenden Hand. Er hofft, dass der lädierte Schädel nicht auseinanderfällt, während er schneidet. Da er so umständlich arbeiten muss, wird es ein noch größeres Schüppelchen als sonst. Er steckt es in ein durchsichtiges Plastiktütchen, als sei er Gerichtsmediziner und sichere Spuren.

Sie würden weiter rätseln, was es damit auf sich hat. Gut so. Seine Arbeit macht er ruhig und besonnen weiter. Ach was, Arbeit. Seine Aufgabe. Er hat seine Lebensaufgabe gefunden, eine, die befriedigt, die anderen hilft, ihren Schmerz zu lindern. Wenn jemand bei den „Unfällen" nicht sofort stirbt, dann hilft er eben nach. Das Nachhelfen ist natürlich riskant, denn er könnte Spuren von sich hinterlassen. Bis jetzt hat er nur beim Gärtner den Sterbeverlauf nachträglich unterstützt, indem er den Kanaldeckel zugezogen hat. Beim zweiten Mal nicht so gründlich, wie es hätte sein sollen, sonst hätte man den Toten nicht entdeckt Aber der Gärtner tanzte sowieso aus der Reihe. Der war nicht vorgesehen. Der war nicht schuld.

34) So kann's weiterlaufen.

Den ganzen Tag im Kaffeehaus sitzen, etwas Gutes genießen und dabei arbeiten. Michaels Stimmung hob sich in wohltuender Weise, seit er Sonja Braun duzte, Conny ihren Tee genoss, und die Sonne sich allmählich auf die Dächer der Altstadthäuser des Max-Josefs-Platzes und der Münchener Straße senkte.

Nicht nur der Blick von hier oben verlieh ihm ein souveränes Gefühl. Sonjas Aussage über den Mann auf dem Friedhof brachte ihn auf einen Gedanken, der sich beim innerlich lauten Aussprechen so wahnsinnig anfühlte, aber dennoch plausibel klang. Wer ist schuld? Kalt lief es ihm den Rücken hinunter, denn diese drei Worte trugen alles in sich, was die drei Todesfälle erklären würde.

Kreutz hatte sicher einen ähnlichen Gedanken gehabt, weshalb er Michael über Markus ausquetschte. Hatte Markus etwas angestellt, das ihn für irgendetwas schuldig erscheinen ließ?

Die Heilpraktikerin war nach Ansicht des Täters schuld am Tod der jungen Frau. Die Tatperson, wie Kreutz es formulieren würde, könnte der Mann auf dem Friedhof sein. War er der Ehemann von Frau John? Die Vorbereitungen zur Beerdigung der Frau verliefen nicht reibungslos, wie Jutta ihm gesteckt hatte. Der Mann regte sich auf, war wütend zu dieser Zeit.

Michael stellte sich vor, wie der Trauerzug zum Grab verlief. War es ein Sarg, der gefahren wurde? Eine Urne, die der Ehemann trug?

„Warum filmt nie jemand eine Beerdigung?", fragte er unvermittelt, ohne die beiden Damen ihm gegenüber anzusprechen.

Conny sah ihn verblüfft an.

„Was meinst du denn damit?"

„Na ja, sonst halten doch auch bei jeder Gelegenheit alle die Handys hoch und fotografieren oder filmen jeden vermeintlich festzuhaltenden Schmarren. Wieso nicht bei Beerdigungen?"

„Weil sie nicht lustig sind?", fragte Sonja zurück, und Conny meinte: „Und außerdem wäre das ziemlich unangebracht."

„Wieso?", überlegte Michael. „Das ist doch meist ein Familienereignis wie eine Hochzeit oder Taufe. Da werden sogar professionelle Fotografen engagiert."

Conny und Sonja schüttelten gleichzeitig den Kopf, ohne Michaels Gedanken weiter zu kommentieren.

„Wozu sollte das gut sein?", kam dann doch von Conny.

Michael verteidigte seine Idee: „So ein Material könnte doch Aufschluss geben, wer dabei war, oder was sich zugetragen hat. Die Reden könnten festgehalten werden für alle Ewigkeit zum Nachhören ..."

„Geh, Mike. Niemand macht das."

„Eben. Schade."

Er beschloss, noch einmal mit Jutta zu sprechen. Vielleicht konnte sie sich erinnern. Oder hatte sie während Laura Johns Beerdigung in ihrem Büro gehockt, sich die Nägel lackiert und sich einen Schluck aus einem Flachmann gegönnt? Ihr Weinglas stand noch auf dem Tisch. Sie hatte schnell getrunken und wankte beim Aufstehen. Hatte sie vorher schon etwas intus? Er hatte es nicht bemerkt. Aber Alkoholiker waren Meister im Verstellen. Sie konnten geradeaus gehen, wenn andere sich nicht mehr auf den Beinen hielten. Vor allem, wenn sie sich an etwas festhielten. An einem Fahrradlenker zum Beispiel.

35) Die Sonne

Verschwand im Westen hinter den Häusern an der Kaiserstraße. Im Präsidium und in den Räumen der Kriminalpolizeiinspektion flackerten bereits jetzt am Nachmittag die Deckenleuchten auf. Wolken schoben sich von den Bergen her über die Stadt. Besonders der Wendelstein ließ mit einer hochaufragenden dunklen Säule über seinem Gipfel ein abendliches Gewitter befürchten. Genauso gut konnte es in sich zusammenfallen. Ansonsten würde es das erste in diesem Jahr sein.

Kommissar Kreutz interessierte die Wetterlage nur am Rande. Er stellte das Telefon-Mobilteil zurück in die Ladestation.

„Leute", sprach er schicksalsschwanger zu KHM Kohlbeck und Anwärterin Thaler, „ihr habt mitgekriegt, dass ich den Anrufer wegen der Angabe seiner Personalien zum Empfang weitergeleitet habe?" Der Empfang war sein Wort für die Erstanrufer-Stelle bei Verbrechen. „Wir haben eine Tote. Auf geht's."

„Wieder ein Unfall?", fragte er Polizeiobermeister POM Müller von der Polizeiinspektion. Dessen dunkelblaue Uniform zwickte ihn sichtbar unter den Achseln. Er sah etwas älter als fünfzig aus und besaß nicht mehr den Körper, mit dem er als junger Polizist bei den Polizeimeisterschaften in der Leichtathletik Medaillen abgeräumt hatte.

„Kann sein, dass es ein Unfall war." Dr. Baumgartner traf soeben am Fundort ein. „Ah, der Herr Doktor. Grüße Sie."

„Was haben wir denn heute?", fragte er POM Müller. Ohne die Antwort abzuwarten, wandte er sich an den Kommissar: „Guten Tag schon wieder, Kommissar. Hat's geklappt mit Pullman?"

Kreutz schüttelte nur stumm den Kopf. Vorab musste er weiter mit zwei Leuten arbeiten. Mit eineinhalb, wenn er an Sandra dachte, und mit nur dieser halben, wenn Kohlbeck so dürftig weiter machte.

POM Müller hob zu einer Antwort auf Dr. Baumgartners Frage an: „Die Frau ist Ärztin, genauer Anästhesistin hier im Klinikum. Name ist Marion Sistic, vierzig Jahre alt. Vorerst keine Hinweise auf Gewalteinwirkung ..."

„Na, das überlassen Sie besser mir, das zu beurteilen", herrschte ihn Gideon Baumgartner an. Der Arzt ging in die Knie und konzentrierte sich auf die weibliche Leiche in mehrfarbiger Bluse und Jeans. Das bunte Muster der Bluse war mit getrockneten, rostbraunen Blutflecken gesprenkelt. Die Frau lag im Gras wie in stabiler Seitenlage.

„Wurde die Leiche bewegt?", fragte Dr. Baumgartner und sah fragend nach oben in die Gesichter von Kreutz, Kohlbeck, Sandra Thaler und POM Müller.

Müller antwortete rasch: „Der Zeuge, der die Leiche gefunden hat, sagte, er habe sie nicht angefasst. Er sitzt übrigens da drüben bei meinem Kollegen Hauptmeister Ascher."

Alle schauten zu Ascher, der einem alten Mann die Hand auf die Schulter legte und zu ihm redete. Ein Rettungsteam der Malteser hatte sich um den Mann gekümmert und ihm eine, bei den warmen Temperaturen unnötige Rettungsdecke über die Knie gelegt. Sie waren in der Nähe gewesen.

„Wie kann die Frau denn da heruntergefallen sein?"

Der Fundort und der Zustand der Leiche, im Gebüsch des Gartens vor dem Klinikum-Gelände, ließ auf einen Sturz aus mindestens dem dritten, bis aus dem achten Stockwerk des Rosenheimer Klinikums schließen.

„Was ist da oben?", wollte Kreutz wissen.

„Müss'ma schauen." Müller hob unwissend die Schultern.

„Na, dann schauen Sie mal", schickte Kreutz ihn los.

Er sah zu Dr. Baumgartner hinab. „Und, Doktor?"

„Sie ist bewegt worden. Definitiv. Wahrscheinlich liegt sie hier seit mindestens zwölf Stunden. Die Stelle hier zwischen den Büschen ist kaum einsehbar. Todeszeitpunkt könnte nach meiner ersten Einschätzung also zwischen 22 Uhr gestern und fünf Uhr heute Morgen liegen. Genauer geht's im Moment nicht. Sieht im

Übrigen nach Genickbruch und Organ-Quetschungen aus. Bei so einem Sturz gehe ich von einem Polytrauma aus. Wahrscheinlich ein Schädel-, Hirn- und Thoraxtrauma. Das Blut und Anhaftungen an der Kleidung stammen hauptursächlich vom Sturz durchs Gestrüpp, das sogar noch ein wenig abfedernd gewirkt haben könnte. Ach ja, da hat gestern oder in der Nacht jemand Friseur gespielt."

Er hob den Kopf leicht an. Eine von der Trägerin sicher nicht beabsichtigte, in diesem Fall relativ große Lücke ließ bis auf die Kopfhaut durchsehen. „Ich kann den Kopf hier nicht weiter anheben, weil der Schädel sicher zertrümmert ist und ihn nur noch die Kopfhaut zusammenhält. Aber das ist eindeutig."

„Da will jemand, dass wir seine Handschrift erkennen", meldete sich Kohlbeck.

Sandra spekulierte: „Oder er will eine Trophäe."

„Ich will alles auf meinen Schreibtisch haben, was ihr über die Frau in Erfahrung bringen könnt", befahl Kreutz in die Runde. „Aus welchem Stockwerk sie gesprungen ist oder gestoßen wurde ebenso."

PHM Ascher eilte mit großen Schritten auf seine Kollegen zu. KHM Kohlbeck kam Kreutz mit der Frage nach dem Zeugen zuvor.

„Das ist ihm etwas peinlich", erklärte Ascher und grinste, „weil der Herr Klein, das ist der Mann da drüben, sich hier nicht aufhalten dürfte. Er liegt auf Station, aber zum Rauchen schleicht er sich manchmal ins Freie. Am Nachmittag sei nie viel los auf dem Zimmer. Er zündete sich also dort auf dem Weg", Ascher zeigte auf einen Wegstreifen, der sich durch den Patientengarten schlängelte, „eine Zigarette an. Dann drückte ihn die Blase, und er wollte sich hier erleichtern. Er stieß auf die Leiche und …"

„Was und?", fiel ihm Kohlbeck ins Wort.

Der lange, sehnige Ascher verzog sein knochiges Gesicht wie im Schmerz. „Wenn Sie mich ausreden lassen, erfahren Sie's. Also, beim Anblick der Leiche schaffte er's nicht mehr, seine Hose zu öffnen, also, er ist vom Gürtel abwärts völlig durchnässt. Die Prostata sei schuld."

Sandra Thaler verzog ihr Gesicht.

„Igitt. Deshalb die Decke, oder?"

Ascher nickte.

Kreutz hatte ungeduldig zugehört.

„Können wir jetzt weitermachen, anstatt uns über die Blasenprobleme eines alten Mannes zu unterhalten?"

36) *Im stillen Gedenken*

Steht eingemeißelt auf manchen Grabsteinen, als dürften die Hinterbliebenen ja nicht vergessen, sich leise an ihre Lieben zu erinnern.

Man muss schon hartgesotten sein, wenn man sie vergisst. Das würde ihm nie passieren. Dazu braucht er keine Grabsteinsprüche. Viele, die er an den Grabstätten beobachtet, bewegen ihre Lippen. Manche beten, andere reden laut mit denen, die da unter die Erde gebracht wurden. Von wem auch immer.

Im Grabfeld mit der Feldnummer 83, am einzigen weißen Grabstein dort, steht wieder diese Frau, die er schon länger im Auge hat. Manchmal schüttelt sie kaum merklich den Kopf. Er vermutet, nein, er weiß, weil sie nicht glauben kann, dass der Mensch im Grab nicht mehr hier ist. Tot. Unwiederbringlich.

Nachdem sie gestern den Friedhof verlassen hat, vergewisserte er sich erneut: Dem Alter nach liegt ihr Vater in dem frischen Grab. Vor zwei Wochen fand die Trauerfeier statt. Jetzt ist die Zeit gekommen, ihr zu helfen. Wie immer kostet es ihm Überwindung, sich zu nähern. Er weiß ja nie, wie die Angehörigen reagieren.

Nicht, dass es ihm wieder so ergeht wie bei Sonja Braun. Einer der Cousins ihres verstorbenen Ehemannes saß ebenso wie er gerne in der dem Friedhof nahen Café-Abteilung eines Supermarkts. Weil sie oft zur gleichen Zeit ihren Kaffee dort schlürften, kamen sie ins Gespräch. Die Unterhaltungen wurden immer vertrauter. Eines Tages redeten er und dieser Cousin, Robert Braun, über den einen oder anderen ihrer Vorfahren, die alle Rosenheimer Bürger waren und sich deshalb vielleicht sogar kannten. Dabei tauchte die Ring-Geschichte mit der Frau aus Udine auf. Und dann ging ihm ein Licht auf. Dann musste dieser Ring der Beschreibung nach ja der sein, der … nicht zu fassen!

Nie hätte er gedacht, dass ihm die bewegende Story zwei Jahre nach Hans Brauns Beerdigung, bei der er natürlich nicht anwesend war, helfen würde, Kontakt zu seiner Witwe aufzunehmen. Sonja. Dass sie so abweisend reagierte, konnte er sogar verstehen. Deshalb ist er ja immer vorsichtig bei der ersten Berührung. Nur nicht überfordern. Sie wissen ja nicht, dass ihnen geholfen werden kann.

Das mit Sonja ging zum ersten Mal schief. Ziemlich schief. Der Gärtner musste sich ja unbedingt einmischen. Bei ihrem Streit merkte er, wie sehr er dem alten Mann bereits aufgefallen war. Das durfte nicht sein. Auffallen!

Aber der Alte war so blöd, ihm die Story mit dem Ring zu glauben. Der kannte die Familienangelegenheit der Brauns von Sonja, der Vertrauensseligen, ebenfalls. Sie erzählte dem Gärtner mal die ganze Geschichte am Grab. Er selbst hörte hinter ihnen mit. Er wusste von der Ring-Sache ja schon von Robert Braun, aber jetzt konnte er sicher sein, dass der Gärtner ebenfalls davon Kenntnis besaß.

Der stellte sich als harter Brocken heraus. Der Alte hatte ihn zu seinem Feind auserkoren, und wenn der vorsorglich zur Polizei ging, weil er ihn für einen potentiellen Verbrecher hielt, wie er ihm verklickert hatte, dann gute Nacht. Um die Einstellung des Gärtners umzudrehen, bedurfte es einer gewaltigen Überzeugungskraft. Dessen Misstrauen zu zerstreuen war fast schwieriger als ein Atom zu zertrümmern. Ein paar Male musste er ihm hinterherlaufen, um ihn weichzukochen. Bis er endlich anbiss, damit sein Traum von der zukünftigen Rentenzeit im Süden doch wahr werden könne. Sein Erspartes, sagte der Gärtner schließlich, würde dort nicht lange reichen. Die Summe, die er monatlich aus der Rentenkasse auf sein Konto bekommen wird, ermögliche ihm eine nur sehr bescheidene Unterkunft dort, weniger Hummer, dafür mehr Dosenwürstchen. Der Zeitpunkt, den Alten zu ködern, war gekommen.

Nachdem Altmann damit herausrückte, zur Miete zu wohnen, ergriff er die Chance, ihn zum Schweigen zu bringen. Dass er wüsste, wo das Kleinod sei, nahm ihm der Gärtner nach all den Gesprächen über den Ring letztlich ab. Vielleicht wollte der Alte einfach an seine Chance glauben.

Es sei in seinem Haus versteckt, tischte er Altmann auf. Der Vermieter sei ein entfernter Verwandter einer der Klosterschwestern, die im Jahr 1900 Maria Robertis bei der Geburt ihrer Tochter den Ring abgenommen hätten. Da spekulierte er aber richtig. Dass Altmanns Vermieter in Schweden lebt und oft schwer zu erreichen ist, spielte ihm voll in die Karten. Glück muss man haben.

Der Gärtner brauchte Kohle. Ein letztes vorhandenes Stück seines Argwohns fiel, als er ihm in seinem Haus einen mitgebrachten, freilich wertlosen Ring mit blau-rotem Stein hervorzauberte. Zunächst gemeinsam suchten sie die Ecken und Nischen des Hauses ab, vom Keller bis zum Dachboden. Dann jeder für sich.

Altmann kramte noch auf dem Dachboden in alten Truhen, während er selbst noch einmal im Keller nachsah. Hinter der Abdeckung eines Lüftungsschlitzes wurde er schließlich „fündig". Heureka!

Sie würden sich die Verkaufssumme wie ausgemacht teilen, versprach er beim Hinausgehen, und dann fiel ihm das Teil doch tatsächlich, und zufällig, ups, in den Kanalschacht, dessen Deckel zur Reinigung offenstand. Der Gärtner war schon oft in das stinkende Loch gekrochen. Um den wertvollen Ring zu bergen, beeilte er sich sogar damit. Der Deckel aus Beton und mit dem Eisenring war sauschwer. Zwei Tage später kam er nachts zurück, zog den Deckel mit dem Haken auf und überzeugte sich davon, dass sich nichts Lebendiges außer vielleicht Ratten dort unten befand.

Das mit dem Haar an seinem Hinterhaupt musste sein. Der Tod des Gärtners steht im Kontext mit den anderen. Auch wenn sein Ableben nicht dem eigentlichen Sinn entspricht.

Den Kanaldeckel zog er anschließend wieder zurück. Das schwere Teil mit dem Eisenring verkeilte sich und blieb einen Spalt breit offen. Aber das spielt nun keine Rolle mehr. Der neugierige Gärtner, der ihn ständig beobachtet hat, hält endlich den Mund.

Nun aber auf ein Neues. Er stellt sich in gebührendem Abstand neben die Dame und betrachtet den Grabstein. Die Frau am Grab ihres Vaters bemerkte ihn.

„Kannten Sie meinen Vater?"

„Und? Was denken Sie? Wer ist schuld?"

37) Die Verabschiedung

Im Café Weth zwischen Conny und Sonja dauerte so lang, als wäre es ein Abschied für ewig. Danach steuerte Sonja auf Michael zu.

„Schön, dass wir trotz unser'm geschäftlichen Verhältnis so schnell zum Du kommen sind." Sie sprach ein gepflegtes Stadtbairisch.

„Ja", stimmte er ehrlich zu, „find ich auch. Servus."

Sie nickten sich lächelnd zu.

Eine halbe Stunde später saßen Conny und Michael zusammen in Connys Haus. Sie hatte es von ihren vor zwanzig Jahren verunglückten Eltern geerbt. Obwohl Michael kein einziges Rauchfähnchen entdeckte, dominierte das Aroma von Räucherstäbchen die Luft, als hätten sich die Schwaden in den Wänden festgesetzt. Es gab keinen Fernseher im Haus, dafür einen Laptop und ein Tablet. Irgendwie musste Conny ja Kontakt zu ihren Kunden halten, wenn nicht nur telefonisch.

Michael erinnerte sich an sein Wiedersehen mit Conny vor ein paar Jahren und wie er damals zum ersten Mal dieses Haus betreten hatte. Eine andere Welt, hatte er spontan gedacht. Mitten in seinem ersten Fall war Conny ihm wieder begegnet. Jahrzehnte zuvor, kurz nach dem Abitur waren sie für eine Weile zusammen gewesen, hatten sich aber bald wieder getrennt und waren ihrer eigenen Wege gegangen.

Jetzt waren sie erneut seit mehr als fünf Jahren zusammen, nur als Freunde. Aber diese Freundschaft fühlte sich gut an, so wie in diesem Moment. Conny brachte Tee, ihr roter Kater Fox trottete verschlafen herbei und hüpfte auf Michaels Schoß. Fox hatte Michael ins Herz geschlossen, besonders, nachdem er ihm öfter Leckerli mitgebracht oder Futter in seinen Napf gehäuft hatte.

„Er liebt dich immer noch", stellte Conny fest.

Michael streichelte Fox im Nacken.

„Liebe vergeht halt nicht so schnell", erklärte Michael seine Zuneigung zum weichen aber schweren Fellmonster auf seinen Schenkeln, „besonders, wenn sie durch den Magen geht."

Er zauberte ein winziges Tütchen aus seiner Hosentasche und legte ein Stückchen daraus auf seine Handfläche. Fox schnappte sich mit dem Mäulchen das Teil und hüpfte von Michaels Schoß unter den Couchtisch.

„Ziel erreicht." Conny lächelte und setzte sich neben Michael auf die Stoffcouch. „Und? Was hältst du von Sonja?"

„Äh?" Michael fühlte sich überrumpelt. „Na ja, sie ist eine Klientin. Ganz nett."

„Jetzt erzähl schon."

Michael erinnerte Conny daran, dass Sonja Braun wegen des Todes des Friedhofsgärtners einen Verdacht hatte.

„Einen begründeten, wie ich meine. Deshalb war ich ja bei Jutta, Frau Wolf, von der Friedhofsverwaltung. Sie hatte aber schon Schluss, und wir sind dann ins Café."

„Das hab' ich gesehen."

„Du glaubst aber nicht, dass ich was von Jutta will?"

Conny sah ihn prüfend an und ließ ein amüsiertes „Nö" folgen. „Du hast schon bemerkt, dass die ein bisschen angeschickert war?"

„Nachdem sie ihren Wein ex ausgetrunken hat, ja", gab Michael zu, „aber ich brauche sie für meinen Fall. Ich glaube, sie weiß mehr über die Dinge, die auf dem Friedhof vorgehen, als sie zugeben will. Ich bin noch nicht fertig mit der."

Conny merkte an, dass Frau Wolf ja so etwas wie ein Amtsgeheimnis wahren müsse. Michael nickte.

„Datenschutz und so, meinst du? Klar. Also, ich sage dir jetzt, was wir bisher wissen: Sonja Braun ist am Grab ihres Mannes von einem Unbekannten angesprochen worden. Sie wollte mit dem nichts zu tun haben, was der Gärtner Altmann bemerkt hat und ihn zur Rede stellte. Es gab einen kurzen Streit. Daraufhin wird Altmann tot im Kanalschacht aufgefunden.

Sabine Stern, die Heilpraktikerin, ist bei einem ähnlichen Sturz wie Markus ums Leben gekommen. Andererseits hat mich Kommissar Kreutz wegen Markus' Tod ausgefragt, jetzt, ein halbes Jahr später. Todesfälle, die nichts miteinander zu tun haben. Die Aussage von Sonja Braun, dass sie der Mann mit, Wer ist schuld, angesprochen hat, geht mir nicht aus dem Kopf. Er hat ihr dann was von einem Ring vorgefaselt, der in Sonjas Familie, beziehungsweise in der ihres verstorbenen Mannes, eine Rolle spielt. Sei es dahingestellt, woher er davon weiß, und ob der verschwundene Ring nur ein Vorwand war, sie anzusprechen. Aber die Schuldfrage ist schon sehr ungewöhnlich. Du weißt, Conny, falls Tantchen Berti recht hat, und diese junge Frau John vielleicht durch einen Fehler von ihrer Heilpraktikerin gestorben ist, dann wäre Sabine Stern für ihren Mörder schuld.”

Conny hatte aufmerksam zugehört.

„Du denkst dich mal wieder in einen Mörder hinein, Mike. Aber ja, da ist was dran.”

„Auch aber: warum Markus?”

Fox maunzte, trabte zum Fressnapf und schimpfte lautstark angesichts der gähnenden Leere darin.

Conny beendete das Drama und Fox schmatzte genüsslich.

„Mike, du denkst, die drei Fälle hängen zusammen? Die Toten, die du genannt hast, sind eine Heilpraktikerin, ein Friedhofsgärtner und ein Bademeister.”
„Fachangestellter für Bäderbetriebe”, korrigierte Michael, „und ja, stimmt schon, die haben beruflich nichts miteinander zu tun. Trotzdem, Kreutz hat mich einbestellt und zu Markus befragt, kurz nach Sabine Sterns Tod. Ich muss mit Jutta reden. Frau Wolf.”

Conny setzte sich wieder zu ihm.

„Und wenn du den Kommissar informierst?”

Michael verzog sein Gesicht, als würde ihm übel.

„Noch nicht. Ich hab’ einen Auftrag von Sonja, und der lautet schlicht: Finde den Mann, der ihr die Schuldfrage gestellt und sich mit Claudius Altmann gestritten hat. Punkt.”

38) Die Anästhesistin

Wurde in einem Leichensack verstaut und im Transporter zur Gerichtsmedizin gefahren. Dr. Baumgartner packte seine Instrumente, die er zur ersten Leichenschau am Fundort benötigt hatte, zurück in die Tasche.

Das Licht im Innenhof des Klinikums veränderte sich von Minute zu Minute zu einem diffusen Schimmer. Der Himmel färbte sich schwarz, und der vorhin noch ferne Donner rückte näher. Immer häufiger brach sich der Widerschein von Blitzen an der hellen Klinikfassade.

„Beeilung", trieb Kreutz die vier in weiße Einmalanzüge gehüllten Leute der Tatortgruppe zur Spurensicherung an, „wenn der Regen anfängt, sind die Spuren im Arsch."

Sandra Thaler verzog den Mund. Diese Kraftausdrücke konnte sie nicht leiden. Sie hoffte, dass ihr Praktikums-Vorgesetzter nur wegen des nahenden Gewitters so nervös war, und nicht mit diesem weiteren Fall überfordert. Schließlich war sie auf eine objektive Beurteilung durch ihren momentanen Chef angewiesen.

„Und wir begeben uns jetzt da rein", befahl Kreutz, um sich im Klinikum über den zunächst als Unfall oder Selbstmord einzustufenden Todesfall ein Bild zu machen.

Doktor Celestin stellte sich als Chefarzt der Station vor, auf der die Ärztin zuletzt tätig gewesen war.

„Sie ist — war eine hervorragende Anästhesistin. Sehr beliebt. Sie blieb manchmal sogar über ihre Dienstzeiten hinaus im Haus, wenn Not am Mann, oder an der Frau war. Heute hatte sie endlich mal frei, weshalb wir sie tagsüber nicht vermissten. Setzen Sie sich doch."

Kommissar Kreutz und Sandra Thaler mit Tablet unter dem Arm nahmen auf zwei Stühlen Platz, die denen auf den Fluren ähnelten. Schlichte Kunststoffschalen. Für KHM Kohlbeck blieb nur der Stehplatz neben einem Medikamentenschrank im Arztzimmer. Er lehnte sich lässig an die Wand.

Kreutz räusperte sich.

„Herr Doktor, wir haben vorhin den letzten Aufenthaltsort von Frau Marion Sistic gesehen. Dieses Zimmer im achten Stockwerk war ihr persönlicher Aufenthaltsraum?"

„Nicht ganz", bestätigte Dr. Celestin. „Wie sie sahen, sind drei weitere Kleiderspinde dort drin. Den Raum mit der Liege teilen sich die Ärzte der Bereitschaft zum Schlafen und Essen."

„Unsere Spurenleute sind ja im Moment noch dort oben. Wer hat denn Zugang zu diesem Raum?"

„Die Ärzteschaft, also auch ich, ein paar Schwestern und Pfleger."

Sandra hielt die Aussage auf ihrem Tablet fest.

Der Kommissar rutschte auf der grauen kalten Plastikschale unruhig von einer Pobacke auf die andere.

„Ich habe eine Überwachungskamera an der Decke gesehen", teilte er Dr. Celestin mit. „Ich brauche die Aufnahmen für die tatrelevante Zeit. Wo werden die Bilder gespeichert?"

Der Arzt schüttelte den Kopf und fasste sich in die wie gefärbt wirkenden pechschwarzen Haare.

„Die — das ist nicht möglich."

„Oh doch", widersprach der Kommissar. „Das wird möglich sein."

„Eben nicht. Das Ding ist seit einem Monat defekt. Ich weiß nicht, was kaputt ist. Die Kamera und die gesamte Anlage auf dieser Station sollten schon längst ausgetauscht werden, oder wenigstens repariert. Aber eine Reparatur geht nicht, sagte der Techniker. Und eine neue kostet Geld, das im Moment nicht zur Verfügung steht. Unser Budget …"

„Dann können wir das also vergessen. Und wo waren Sie gestern zwischen 22 Uhr und fünf Uhr heute Morgen?"

Dr. Celestin antwortete, er sei zu Hause gewesen, bei seiner Frau, der Tochter und dem Labrador Jacky.

„Wir werden das natürlich überprüfen." Kreutz schnaufte tief durch und sah zu Kohlbeck, der gähnte. „Wie übrigens alle Alibis derer, die Zugang zu dem Aufenthaltsraum haben."

Kohlbeck gähnte nicht mehr und straffte sich.

„Okay, Chef." Er stieg von einem Bein aufs andere. Seine lässig an die Wand gelehnte Haltung hatte er aufgegeben.

„Heute noch", riet ihm der Kommissar, „dann haben Sie wenigstens etwas Bewegung."

Sandra Thaler nickte Kohlbeck zu und erhob sich.

Kreutz hatte etwas dagegen: „Sie nicht, Frau Thaler."

Sie setzte sich wieder, und Kohlbeck knallte die Tür hinter sich zu.

Dr. Celestin huschte ein Lächeln über das hagere Gesicht mit dem Dreitagebart.

„War Dr. Sistic unglücklich", setzte Kreutz seine Befragung fort, „so dass sie sich hätte das Leben nehmen wollen? Oder hatte sie Feinde hier? Ist Ihnen privat etwas von Möglichkeiten bekannt, die ein Motiv für Mord sein könnten?"

„Sie gehen von Mord aus?", wunderte sich der Doktor. „Nein. Da ist nichts, wovon ich Kenntnis hätte."

Kreutz' Handy pfiff wie eine Lokomotive.

„Aha, ja, mhm."

Sandra und der Doktor hefteten ihre Blicke auf Kreutz, dessen Gesichtsfarbe ins Rötliche wechselte.

„Das war Bogdan von der Tatortgruppe, die oben das Zimmer in Augenschein nehmen. Ich sollte das in Ihrem Beisein, Doktor, eigentlich nicht erwähnen, aber es war Mord."

„Was?" Dr. Celestin rief seine Verwunderung heraus. „Warum?"

„Ja, und wie?", traute sich Sandra, ihren Chef zu fragen.

„Am Fenster befinden sich eindeutig Spuren, die darauf hindeuten, dass Frau Sistic nach einem Kampf aus dem Fenster geworfen wurde. Ob die Blut- und Stoffreste von ihr oder der Tatperson stammen, wird unser Labor schnell herausfinden."

Sandra hob die Hand.

„Sind die Fenster im Klinikum denn noch ganz zu öffnen? Ich dachte ..."

„Mein Gott", stöhnte der Arzt, geschockt von der Nachricht. „Das ist ja ein Skandal. Aber nein, in den Patientenzimmern sind die Fenster zur Sicherheit natürlich nur zum Kippen. In den Personalräumen gehen sie noch ganz auf. Wer kommt denn auch auf so was. Ich habe immer gesagt, wir sollen nicht so sorglos mit den Sicherheitsmaßnahmen umgehen. Schließlich sind wir gefährdet. Jeder Verrückte kann sich hier herumtreiben. Und niemand sperrt einen Personalraum ab, wenn er sich da drin einen Tee macht."

„Also glauben Sie, es war niemand vom Personal? Haben Sie doch einen Verdacht?" Kreutz richtete sich auf.

Der Arzt wand sich unbehaglich in seinem Chefsessel.

„Man denkt ja nicht gleich an so was, wenn man nach einem Motiv gefragt wird, aber jetzt, wo Sie's sagen: Vor knapp zwei Wochen etwa, da hat sich jemand fürchterlich aufgeregt und ist in die Station gestürmt. Eine Frau war das, die herumgeschrien hat, dass man ihren Vater hätte sterben lassen. Was ja nicht stimmte. Der Mann hatte Darmkrebs. Aber die Leute geben oft uns die Schuld."

„Wie hieß der Mann? Die Frau?"

Sandra tippte eifrig in ihr Tablet.

Sie und Kreutz bedankten sich bei Dr. Celestin für die Informationen und verließen das Arztzimmer. Auf dem Flur der Station roch es nach Putz- und Desinfektionsmittel. Eine Schwester huschte mit knisterndem Kittel an ihnen vorbei, ohne zu grüßen. Vielleicht hatte jemand in einem Zimmer die Ruftaste am Bettgalgen gedrückt.

Sandra und der Kommissar wussten im Moment nicht, ob sie nach links oder rechts zum Ausgang gehen mussten. Die Labyrinthe in Krankenhäusern verwirrten Sandra immer. Jetzt nutzte sie die Gelegenheit des Moments, ihren Chef und Ausbilder zu fragen: „Was ist eigentlich mit unserer Verstärkung?"

Kreutz entschied sich für links.

„Womöglich brauchen wir die nicht", brummelte er im Gehen. „Wenn das so lange dauert, bis der Pullmann einen Kollegen oder eine Kollegin von woanders abzieht, dann schaffen wir das auch allein, nicht wahr, Frau Thaler."

Sandra blieb nichts anderes übrig, als zuzustimmen. Weniger ihre Zustimmung fand Kreutz' Entscheidung für die Gehrichtung. Eine verschlossene Flügeltür versperrte ihnen den Weg.

„Kommen Sie", raunzte Kreutz Sandra an und machte kehrt.

Wie in unseren Fällen, fiel Sandra ein, nur über die Irrtümer findet man zur Wahrheit.

39) Die Verwandten

Von Verstorbenen, ob sie wirklich bei einem Sterbefall den Schuldigen suchten? Wer ist schuld? Würde er, wenn er einst Tante Berti zu Grabe tragen musste, sich fragen, ob jemand schuld sei? Nicht jemand. Etwas. Die Zeit, natürlich. Eine verdammte Virus-Epidemie. Das Alter, ja. Michael fragte sich im Moment so viele Dinge, dass ihm der Kopf schwirrte.

Nach dem Besuch bei Conny war er zurück in sein Büro gefahren. Mit dem Fahrrad. Er selbst hätte nie gedacht, dass er sich mal eines zulegen und es sogar benutzen würde. Aber nach seinen Kontakten zu den Umwelt-Aktivisten in Hannover, bei deren Ehrenrettung er beinahe gestorben wäre, versuchte er neuerdings, sein Auto einfach mal im Parkhaus stehen zu lassen. Manchmal kam es ihm vor, durch die Stadt zu radeln sei nicht nur schneller, sondern weniger nervenaufreibend. Außer es regnete, und da hatte er heute Glück gehabt. Im Moment tobte ein Gewitterregen über der Stadt, mit allem, was dazugehörte. Ans Fenster zum Ludwigsplatz hinaus prasselten windgepeitschte Schauer und liefen in Bächen über das Glas, so dass es zusammen mit den fast schwarzen Wolken zappenduster in seinem Büro geworden war. Donnergrollen brachte die Scheiben zum Klirren.

Und das Ende April, fiel ihm ein. So früh im Jahr gab es früher selten so starke Gewitter. Wenigstens hagelte es nicht. Kaum gedacht, schon klopften harte Eisbrocken an, aber es blieb bei einem kurzen Hagelintermezzo.

Ein Blitz ließ den Monitor seines PCs kurz flackern, bevor sich das Bild darauf wieder in einwandfreier Qualität präsentierte: die Karte von Großkarolinenfeld nordwestlich von Rosenheim. Claudius Altmann hatte ein kleines altes Haus mit der Hausnummer 103 an einer ewig langen Straße gemietet. Es lag etwas nach hinten versetzt, weshalb ein längerer Kanalschacht zur Straße hinausführte. In diesem Schacht hatte der Gärtner den Tod gefunden, mehr als ungewöhnlich, und vermutlich nicht aus Versehen oder Dummheit.

Michael wusste nichts über sicher vorhandene Obduktionsergebnisse zu diesem Todesfall. Der ältere Herr konnte ebenso gut einen Herzinfarkt erlitten haben, während er womöglich den Schacht reinigte. Wie aber kam dann der Kanaldeckel auf den Schacht? Niemand hätte ihn einfach zurück auf die Öffnung im Weg gezogen, ohne sich davon zu überzeugen, dass sich keiner dort unten aufgehalten hatte. So tief wären keine Hausschächte, dass man einen Menschen nicht bemerkt hätte. Nein, das war Berechnung. Pure Absicht, Altmann sterben zu lassen.

Wenn es nun John gewesen war? Jan John, der Mann der jungen Frau, die durch einen tatsächlichen oder vermeintlichen Fehler ihrer Heilpraktikerin gestorben war. Seine Gedanken kreisten immer wieder um die Frage Wer ist schuld.

Was er wirklich wusste, war, dass sich die Alternativmedizinerin selbst die Schuld gab, weil sie den Tod von Laura John nicht hatte verhindern können. Dann wäre Suizid eine Erklärung. Nur, selbst Kreutz ging von Tötung durch eine Tatperson aus.

Laura Johns relativ frisch gebackener Ehemann hatte Nerven gezeigt, nicht verwunderlich, dennoch jähzornig, wie Jutta Wolf sich erinnert hatte. War derjenige, der Sonja Braun am Grab ihres Mannes angesprochen hatte Jan John?

Er blätterte in seinen Aufzeichnungen über den Namen John. Da war er. Jan John. Pfalzstraße, Großkarolinenfeld. Passt!

Widersprüche ohne Ende rissen tiefe Gräben in Michaels Theorie. Welche Schuld könnte Markus Hirschbichler auf sich genommen haben, um in den Augen eines Jan John den Tod zu verdienen? Was für eine der friedliche Friedhofsgärtner? Er brauchte Gewissheit, bevor er Sonja Braun mit einem Ermittlungserfolg für ihr Honorar kommen konnte. Die war schwer beleidigt wegen des Verhaltens der Polizei. Sie wurde nicht ernst genommen von der Exekutive. Das fiel dem Kommissar und seinen Leuten nun auf die Füße.

Wenn Michael Gewissheit erlangte, ob er mit seinem Verdacht recht hatte, dann konnte er Kreutz immer noch informieren. Falls der nicht schon weitergekommen war und ebensolche Verdachtsmomente hegte.

Er wählte Connys Nummer.

„Servus, könntest du bitte zu Berti kommen? Ich bin dann gleich dort. Vielleicht fällt ihr wegen der Sabine Stern noch was ein. Und du denkst bitte darüber nach, was du mit Markus in deinen Sitzungen besprochen hast. Ich weiß, Beichtgeheimnis, aber in diesem Fall musst du eine Ausnahme machen. Bitte!"

Der Regen ließ nach. Die Blitze und der Donner ebenso. Sollte er das Fahrrad nehmen? Achtzehn Uhr dreißig durch. Früher Abend. War das Licht am Rad in Ordnung?

Zwei Minuten später machte er sich auf den Weg zum Parkhaus gegenüber dem Klinikum. Das Dauerparken im Parkhaus P7 „In der Schmucken" kostete ihn 80 Euro im Monat. Also sollte er seinen BMW zwischendurch nutzen. Er spannte den Schirm auf. Es regnete nur noch leicht, und das Licht der im Westen stehenden Sonne formte einen Regenbogen über dem Inn.

Vor dem neuen Klinikum-Gebäude standen mit blinkenden Blaulichtern Polizeifahrzeuge. Merkwürdig, überlegte Michael, keine fünfhundert Meter weiter hinten befinden sich das Präsidium und die Inspektionen. Vielleicht war ja etwas passiert.

40) Der Erfolg

Gibt ihm recht. Bisher klappte alles wie am Schnürchen. Na ja, bis auf das Ding mit dem Gärtner, der schon Verdacht geschöpft hatte. Selbst den konnte er sich vom Hals schaffen. So gut wie bei den anderen fühlt er sich nicht bei dem Gedanken. Den Gärtner musste er eben zum Schweigen bringen, weil der ihn auf dem Kieker hatte. Wie sonst soll er sein Werk fortsetzen?

Wie können die Schuldigen glauben, davon zu kommen? Wie können sie davon ausgehen?

Er muss zurück zum Friedhof. Sofort.

41) Pauline

Kalendar. Sie heißt fast wie ein Monatszähler, bemerkte Sandra Thaler, während sie den Namen, die Adresse und andere Infos über die Frau ermittelte. Die hatte im Klinikum randaliert, hatte sich der Arzt Dr. Celestin erinnert. Die Beerdigung ihres Vaters hatte vor gut einer Woche stattgefunden. Sie war nicht verheiratet, hatte aber einen Sohn, der in Berlin lebte. Laut seiner telefonischen Aussage hatte er wegen einer noch immer andauernden Erkrankung nicht zur Beerdigung seines Opas kommen können. Die weitere lebende Verwandtschaft der 48-jährigen bestand aus einem Bruder, Hamburg, der Mutter, die in einem Pflegeheim in Nußdorf am Inn lebte, und wenigen Cousins und Cousinen, deren Eltern wiederum entweder verstorben, oder sehr alt waren. Außer ihr selbst kam aus ihrer Verwandtschaft kaum jemand in Frage, der oder die Marion Sistic aus dem Fenster hätte stoßen können. Vorausgesetzt das Rache-Motiv, das sie laut Dr. Celestin wegen ihres wütenden Auftritts auf seiner Station haben konnte und von dem Kreutz ausging, war das einzige, das jemand zum Mord an der Ärztin getrieben hatte.

Es könnte doch ebenso eine Beziehungstat in Frage kommen, überlegte Sandra, oder ein völlig anderer Grund, der Frau etwas antun zu wollen. Aber Kreutz hatte sich vorerst festgelegt. Sie und ihre Kollegen hatten dieser Spur nachzugehen.

Sandra überlegte, wie es wohl gewesen sein könnte:

Im achten Stockwerk kann es durchaus nachts mal stickig sein, man öffnet das Fenster zum Lüften. Dann klopft jemand, vielleicht jemand in Krankenhauskleidung, einem Pfleger- oder Pflegerinnenanzug oder Arztkittel. Man kann ja nicht alle kennen. Kann sein, dass der oder die Unbekannte die Ärztin sogar gebeten hat, das Fenster zu öffnen. Genau. Sie dreht der Person den Rücken zu, und die schlägt zu …

„Frau Thaler", hörte sie Kreutz' raue Stimme, „was träumen wir denn Schönes?" Er lehnte hinter ihr an der Fensterbank.

Sandra durfte ausnahmsweise an Kreutz' Schreibtisch arbeiten. Jetzt scrollte sie auf ihrem Tablet zu den Ergebnissen für Pauline Kalendar und versuchte, dabei nicht zu hektisch zu wirken.

„Frau Kalendar kann es nicht gewesen sein, Herr Kommissar."

„Warum? Was haben Sie?"

Sandra hatte im Pflegeheim ihrer Mutter angerufen, nachdem sie die Frau über ihr Festnetz und auch auf dem Handy nicht erreichen konnte.

„Die Leiterin des Heims bestätigte, dass Frau Kalendar vor zwei Tagen dort Bescheid gegeben habe, sie sei für ein paar Tage nach Paris gereist. Sie sagte, dass sie Angehörige immer darauf hinweise, sie zu informieren, wenn sie mal nicht kurzfristig erreichbar wären, falls mit den Eltern oder Großeltern etwas sein sollte."

Der letzte Donner grollte draußen von weit her. Nieselregen hüllte den Innenhof der verschiedenen Polizeistationen in einen trüben Schleier.

„Das kann ja jeder sagen, er sei im Ausland. Schönes Alibi. Probieren Sie es weiter auf dem Mobiltelefon der Dame."

KHM Kohlbeck stieß zu Kreutz und Sandra Thaler. Er hatte den letzten Satz gerade noch mitbekommen.

„Und so einfach", bestätigte er.

„Und?", raunzte ihn der immer noch miesgelaunte Kreutz an. „Was haben Sie?"

„Jan John." Sandra unterbrach ihren Versuch, Frau Kalendar zu erreichen, und Kreutz sah Kohlbeck an, als wisse er nicht, wovon der überhaupt sprach. Kohlbeck verfiel in fragende Kurzsprache: „John? Jan John? Mann von Laura John? Hallo, schon vergessen?"

Kreutz umrundete den Schreibtisch.

„Okay, der. Den haben Sie vorgeladen?"

„Schriftlich, ja. Aber wäre es nicht besser, dort mal vorbeizuschauen?"

„Wo?"

„Bei John. Der wohnt in Großkaro." Die Abkürzung für den Ort war unter den Einheimischen üblich.

Kreutz' lief rot an.

„Die schriftliche Vorladung bekommt der frühestens übermorgen mit der Post. Das dauert zu lang. Außerdem kann er türmen, wenn er sieht, dass er unter Verdacht steht. Schicken Sie gleich morgen früh eine Streife hin und holen ihn her."

Sandra hatte den beiden zugehört und gleichzeitig die Wahlwiederholung für Pauline Kalendars Handy gedrückt. Erfolgreich: „Herr Kommissar, Frau Kalendar. Wollen Sie?"

„Fragen Sie, wo sie ist und gestern war."

Im Hintergrund hörte Sandra laute Megaphon-Töne, eine Menge Leute skandierte etwas auf Französisch.

„Ja", wurde Sandra laut und hielt sich das andere Ohr zu, „danke. Ja, ich hör's."

„Und?"

„Sie ist tatsächlich in Paris, steckt aus Versehen mitten in einer Großdemo."

Kohlbeck meinte, das könne man doch vortäuschen.

„So eine Alibi-App kriegst du heute für keine zwei Euro."

„Okay", Kreutz reichte es, „Handyortung!" Mehr ließ sein Befehlswortschatz im Moment nicht zu. Überstunden liebte er wie Furunkel am Hintern.

42) Der BMW

Sprang mühsam an. Wie lange stand der überhaupt im Parkhaus, fragte sich Michael. Es gab keinen triftigen Grund mehr, das Auto zu nehmen, um zu Berti in den Margarethenhof zu fahren. Das Wärmegewitter und der Nachregen hatten sich verzogen. Die feuchtwarme Luft fühlte sich an wie im Hochsommer.

Dann sollte es eben eine Bewegungsfahrt werden, damit der Karren nicht völlig einrostete.

Unterwegs versuchte er, sich neben dem stockenden Straßenverkehr auf den aktuellen Auftrag zu konzentrieren. Doch es fiel ihm schwer. Immer wieder wurde er durch Gehupe, Anfahren und Bremsen abgelenkt. Ob er den BMW verkaufen sollte? Vielleicht hielt ihn die Tatsache davon ab, dass der Wagen die Initialen seiner Tante trug. Berti Maria Warthens. Im Margarethenhof nannte man sie hinter vorgehaltener Hand sowieso schon lange die BMW. Ein Lächeln darüber konnte er nicht vermeiden. Für Observierungen hatte sich das dunkellackierte Auto ja ebenso bewährt wie seine Tante.

„Griaß di, Michi."

„Hallo, Mike."

Berti und Conny warteten seit fünfzehn Minuten auf ihn.

„Meine Damen", begann er scherzhaft, „es ging nicht schneller. Ich bin mit 'm Auto da."

„Ach so. Klar", meinte Conny. „Und was hast du jetzt so Wichtiges?"

„Z'erst esst's was". Berti stellte einen Korb mit nicht mehr ganz frischen Brezen auf den Tisch. Es folgte ein Teller mit Käse, verschiedener Wurst und ein Glas Essiggurken. Michael legte zwei Scheiben Emmentaler auf seine Breze und türmte drei Räder Schinkenwurst obendrauf. Auf Gurken verzichtete er, erntete aber trotzdem einen tadelnden Blick von Conny.

„Ich bin heut' schon Radl g'fahren". Er wusste genau, dass Conny recht hatte, biss aber trotzdem herzhaft in die Brezen-Etagere.

„Was willst denn jetzt wissen?", war Berti gespannt. „Ich weiß nämlich immer noch net, wie die John mit Vornamen g'heißen hat."

„Aber ich", antwortete Michael mit vollem Mund. Er wartete, bis er deutlicher sprechen konnte. „Laura hat sie geheißen. Laura John. Weiß ich von Jutta."

Conny spannte ihren Rücken, und Berti schaute ihn kopfschüttelnd an.

„Von wem?"

„Jutta Wolf", half ihr Conny auf die Sprünge, „die haben wir doch mal auf dem Herbstfest getroffen, weißt du doch noch, oder?"

„Ja freilich."

Michael wartete mit seinem nächsten Biss in die Breze.

„Genau die, und das lässt mich jetzt nicht mehr los: Diese Laura starb, und ihr Mann war richtig sauer auf ihre Globuli-Liesl, die Sabine Stern. Aber der war auch wütend wegen der hohen Grabgebühren und hat sich mit Jutta angelegt. Was spricht dagegen, dass er seine Wut an einem Angestellten vom Friedhof auslässt?"

„Ein halbes Jahr danach?" Conny wiegte skeptisch ihren Kopf hin und her.

Michael legte seine angebissene Breze zurück auf den Teller.

„Stimmt schon. Aber dieser Jan John, der relativ junge Witwer von Laura, der wohnt ganz in der Nähe von Claudius Altmanns gemietetem Haus in Großkaro."

Berti schaute von Michael zu Conny und zurück.

„Wer ist'n dieser Altmann?"

„Der Friedhofsgärtner, den's im Gully gefunden haben."

„Ja, jetzt erinner' ich mich wieder. Mein Hirn halt."

Conny beruhigte sie: „Das funktioniert schon noch, Berti. Ich komme bei all den Namen, die der Mike in seinen Ermittlungen immer liefert, auch nicht jedes Mal mit."

Michael grinste.

„Dann schreib 's halt auf" riet er ihr. Triumphierend zückte er sein Smartphone und präsentierte seine Notizen.

„Schau, alles da."

Berti meinte, Zettel und Stift täten es genauso und bräuchten keinen Strom.

Michael ignorierte ihren Einwurf.

„Da, Jan John, Großkaro. Claudius Altmann, Friedhof, Großkaro. Sabine Stern, Homöopathin. Markus Hirschbichler, Fachangestellter ..."

„Ja, schon gut", unterbrach ihn Conny, „was willst du uns denn damit sagen?"

„Fragen, Conny. Fragen will ich dich. Und zwar: was könnte Markus mit dem Friedhof und mit Altmann und mit Sabine Stern verbinden?"

„Du suchst immer einen unmöglichen Zusammenhang zwischen Morden", schnaubte Conny. „Wo soll denn da eine Verbindung sein?"

„Sag du's mir."

Conny stutzte.

„Ich?"

„Vielleicht gibt es keine Verbindung. Vielleicht aber doch. Also direkt: was könnte Markus in seinem Leben verbockt haben, dass man ihn umbringt? Wenn es bei Sabine Stern und dem Altmann eine Art Strafaktion war, und der Kommissar so getan hat, als hätte Markus' Tod irgendwie Ähnlichkeit mit dem von Frau Stern, dann frage ich mich, warum er, unser Markus?"

Conny schluckte und wich Michaels Blick aus.

„In euren Sitzungen habt ihr doch sicher über Brüche in seinem Leben gesprochen, Conny. Ohne Grund hat er dich doch nicht aufgesucht und viele Stunden lang geredet. Deine Lebensberatungen auf Esoterik-Basis in allen Ehren, aber es gibt bei dir nicht unbedingt eine Schweigepflicht!"

Die letzten Sätze waren ihm immer lauter über die Lippen gekommen. So kannten ihn Conny, und womöglich auch Berti kaum. Michael spürte, dass er ein wenig zu drastisch agiert hatte. Er schnappte sich die Breze, biss herzhaft hinein und schaute Conny fragend an.

Ihr Widerstand wankte.

„Mike, bitte."

„Magst was trinken?", fragte Berti nach. Ohne ein Ja abzuwarten, stand sie ächzend auf und holte die volle Teekanne von der Arbeitsplatte neben dem Herd.

Conny nickte Michael stumm zu.

„Gut, Mike. Was willst du genau wissen?"

„Hab' ich schon gesagt. Hat er Probleme gehabt, vielleicht mit einem Badegast in der Therme? Oder mit Kollegen?"

Conny schüttelte den Kopf.

„Nie. Oder selten. Aber das ist jetzt wirklich merkwürdig, dass er deswegen ..." Ihre Augen verloren sich für einen Moment in einer Erinnerung. „Er war nicht immer in der Therme angestellt. Markus war bis vor zwanzig Jahren nicht einmal Bademeister — ja, ich weiß, Fachangestellter-Dings. Mit der Umschulung hat er begonnen, nachdem er seinen Beruf als Altenpfleger aufgegeben hat. Eine seiner Patientinnen ist gestorben, nachdem er ihr falsche Medikamente ans Bett gebracht hat. Schuld war er aber nicht allein. Die Tablettensortierung hatte eine Kollegin vorgenommen, die neu war. Und jetzt kommt das Fatale: die Medikamentenverwechslung kam zustande, weil eine Patientin Luise Maier hieß, die andere, die deshalb sterben musste, hieß ebenfalls Luise Meier. Die eine mit a-i, die andere mit e-i. Markus sagte, er hätte das bemerken müssen, oder nachfragen, ob die Neue da nachgesehen habe. Jedenfalls nagte Markus noch immer an einem Trauma, für den verfrühten Tod einer netten Oma mit sieben Enkeln und wer weiß wie vielen Urenkeln verantwortlich gewesen zu sein. Strafrechtlich hatte das Ganze keine Folgen. Und wisst ihr, warum?"

Berti hatte Conny Tee in eine Tasse gegossen und hörte wie erstarrt zu.

Da weder Berti noch Michael nachfragten, fuhr Conny fort: „Das Ganze kam nie heraus. Es wurde unter den Teppich gekehrt. Vertuscht. Der Arzt hat den Tod der Neunzigjährigen festgestellt, die friedlich entschlafen war. Aber Markus meinte, dass eine der Enkelinnen schon misstrauisch geworden war. Sie habe gefragt, ob alles mit rechten Dingen zugegangen war beim friedlichen Entschlafen. Es hat aber zu lange gedauert, bis jemand von der Polizei kam und dem Verdacht der Form halber nachgegangen ist. Die Dame mit dem e-i im Namen war bereits kremiert. Die Frau mit dem a-i hatte eine Übelkeit und kurze Nierenkolik ohne weiteren Schaden überstanden. Den psychischen Schaden hatte Markus."

„Und die Enkelin, die einen Verdacht hatte", ergänzte Michael. „Wer ist schuld? Wer war schuld? Markus!"

Berti brummte, sie wolle in Zukunft ganz genau aufpassen, wenn der Pfleger ihre Tablettenbox nachfüllte.

43) DIE LETZTE HINRICHTUNG

VERLANGTE IHM ALLES AB. ABER RICHTIG. DIE BLÖDE ARZT-URSCHEL WEHRTE sich gegen ihr Schicksal mit aller Macht. Der Schmerz in seiner rechten Hand erinnert ihn eindringlich daran. Das Luder biss zu wie eine tollwütige Hündin. Hoffentlich hat er sich keine Infektion zugezogen. Die Typen im Klinikum desinfizieren sich doch alle Daumen lang ihre Pfoten an den Spendern auf den Stationen und selbst im Klo. Ob sie aber ihre Zähne sterilisieren? Wohl kaum.

Viel Blut kommt nicht mehr aus der Wunde am Ballen des kleinen Fingers. Ein großes Pflaster genügt.

Das eingetütete Haarbüschel der Anästhesistin kommt zu den anderen. Vier bislang. Mit dem ersten wären es fünf, eine schöne Erinnerung und zugleich Ansporn. Aber das ist nicht möglich. Ihr Haar hat jemand anderes. Und er will – er wird herausfinden, wer. Das ist eine völlig neue Aufgabe. Er hofft, sie bald erfüllen zu können. Aber jetzt muss er erst einmal eine Pause einlegen. Der Aufwand, von der Vorbereitung bis zur Ausführung, ist jedes Mal gewaltig. Und erwischen lassen will er sich letztendlich nicht. Er wird noch gebraucht.

44) EINE NACHT

ZUM SCHLAFEN ÜBER DIE NEUIGKEITEN WEGEN MARKUS' VERGANGENHEIT musste sich Michael gönnen.

Hin- und hergerissen nach seinem Gespräch mit Conny, ob er sofort Kreutz informieren, oder doch zuerst in Eigenregie seinen Hauptverdächtigen Jan John abklopfen sollte, machte er sich am nächsten Morgen auf den Weg nach Großkarolinenfeld.

Sonja Braun bezahlte ihn für die Aufklärung der Hintergründe eines Todesfalls, doch ihr Auftrag weitete sich womöglich zur Ermittlung gegen einen Serienmörder aus. Wie passte da der Gärtner dazu? Oder gab es bei Altmann keine Verbindung zu den zwei anderen? Sabine Stern als Heilerin konnte im Kopf eines Angehörigen schuld am Tod von Laura John sein, Markus als Pfleger am Tod einer alten Frau. Was war mit Altmann?

Hat Jan John seine Frau gerächt? Hat er Markus bestraft? War er derjenige, der Fremde am Grab nach Schuld fragte?

Welche Schuld hatte Altmann auf sich geladen? Der Gärtner war kein Mensch, der in irgendeiner Weise mit Medizin oder Pflege zu tun hatte. Der pflegte höchstens Blumen und den Friedhofsrasen. Oder musste er sterben, weil er derjenige war, der Gräber aushob? Das Grab von Laura John?

Claudius Altmann hatte ein Haus bewohnt, das vor vielen Jahren etwas zurückversetzt von der Straße gebaut worden war. Johns Wohnsitz dagegen sah größer aus und stand hundert Meter weiter an der viel befahrenen Straße. Einzig ein schmaler Gehweg trennte die Hausfront von der Fahrbahn.

Michael stellte seinen Wagen schräg gegenüber in einer Parkbucht ab. Das Schild Privat ignorierte er.

John und Altmann mussten sich hier begegnet sein. Sie wohnten an derselben Straße, nicht weit voneinander entfernt. Man läuft sich dabei doch hundertmal über den Weg im Jahr, in den Geschäften, beim Friseur oder in der Bank. Oder auf den Wegen dorthin. Wenn man sich über lange Jahre im Vorbeigehen immer mal wiedersieht, grüßt man sich wenigstens. Altmann hatte John vor ihrem Streit auf dem Friedhof zweifellos gekannt.

Wenn Michael noch heute die Gelegenheit dazu bekommen sollte, musste er ein Foto von John schießen. Sonja Braun würde ihn sicher identifizieren können. Die Kamera lag knipsbereit auf dem Beifahrersitz.

Noch saß Michael im BMW. Sollte er bei John anklingeln? Er hatte sich zurechtgelegt, was er ihn fragen würde: Dass seine Tante bei Sabine Stern Patientin war, und sie nun Riesenprobleme mit einer Salbe von der Kurpfuscherin bekommen habe. Er habe erfahren, dass die Dame schon öfter bei ihren Kunden etwas verbockt hätte, und dabei habe ihm seine Tante von dem Fall Laura John erzählt. Jetzt würde ihn natürlich der Hintergrund interessieren, damit er die Quacksalberin anzeigen könne. Wenn John einwenden würde, dass die Frau tot sei, stellte er sich dumm. Davon höre er zum ersten Mal.

Im Rückspiegel beobachtete Michael die vorbeikommenden Autos, um endlich die Tür öffnen zu können, ohne dass sie ihm abgefahren wurde. Ein Radfahrer trat kräftig in die Pedale und schlängelte sich an Schlaglöchern und schließlich an Michaels Wagen vorbei. Dahinter tauchte ein blau-gelbgestreiftes Auto auf. Ausgeschaltete Warnlichter auf dem Dach. Polizei. Der Streifenwagen hielt direkt hinter Michael an der Straße an. Die von hinten kommenden Autos mussten auf die Gegenfahrbahn ausweichen, um das Polizeifahrzeug zu überholen. Wegen des Gegenverkehrs gestalteten sich diese Aktionen so kompliziert, dass sich ein Mordsstau hinter dem Wagen mit dem Blaulicht bildete.

Michael war froh, die Parkbucht noch vor Ankunft der Polizei belegt zu haben. In aller Ruhe schaute er zu, wie zwei Polizeibeamte den Weg über die Straße nahmen und bei Jan John klingelten. Nach ein paar Sekunden öffnete ein Mann, mittelgroß, etwa dreißig Jahre alt, und wie Michael bemerkte, mit zwar glattrasiertem, aber aufgedunsenem Gesicht wie ein Alkoholiker. Rötliches, kurz gekräuseltes Haar. Michael drehte sich noch weiter nach links und duckte sich in den Fahrersitz. John ließ die Herren in Uniform nicht ins Haus. Sie diskutierten eine Minute lang, während der Michael nach seiner Kamera hangelte. Er brachte sie in Stellung, zoomte dreißigfach heran und ließ den Automatik-Auslöser rattern.

Laura John hatte natürlich Eltern und vielleicht Geschwister. Die konnten genauso gut wie ihr Ehemann wütend auf einen vermeintlichen Schuldigen sein.

Aber hallo, die Polizei war so wie Michael an Jan John dran. Hatte Kreutz die gleiche Idee wie Michael? Oder wusste er mehr? Sicher waren Kreutz und sein Team näher an den Indizien oder gar Beweisen für die Taten. Aber das hier, in Großkaro, das konnte nur bedeuten, dass der Tod des Gärtners Altmann vor der Aufklärung stand. Mit Jan John, dem Hauptverdächtigen.

John war inzwischen in seinem Haus verschwunden, bevor er mit einer grünen Sportjacke erneut am Eingang auftauchte und den Polizisten die Hände hinhielt. Einer der beiden schüttelte den Kopf. Anscheinend mussten keine Handschellen angelegt werden.

Das ganze Spiel mit ihm über die Straße zurück zum Polizeiwagen, hintere Tür auf, Hand auf den Rotschopf von John, damit er sich beim Einsteigen auf den Rücksitz nicht die Birne prellte, beobachtete Michael im Außen-, dann im Innenspiegel. Der Streifenwagen reihte sich in die Fahrzeugschlange problemlos ein. Michael schmunzelte. Polizei gewährt man besser die Vorfahrt.

Er schaltete die Kamera ab und schaute wieder nach vorne durch die Frontscheibe. Ein Mann gestikulierte vor seinem Fahrzeug wild mit den Armen und zeigte auf eine gelbe Tafel mit schwarzer Schrift an der Parkbucht. Privat.

Michael hob entschuldigend die Hände, startete und blinkte links. Der Fuchtler war ihm so etwas von egal. Sch … egal, fluchte er und sah auf die Uhr.

Freitag, 8.34 Uhr. Kreutz war sicher schon im Büro. Der erwartete Jan John, den Mördern mindestens der von Altmann.

45) Um 9.00 Uhr

traf die Streife mit Jan John im Schlepptau bei Kreutz ein. Nachdem die Polizisten den Mann in der grünen Jacke gründlich nach Waffen und gefährlichen Gegenständen abgeklopft und gescannt hatten, führten sie ihn in den Verhörraum. Zehn Minuten ließ ihn Kreutz allein im diffusen künstlichen Licht, nur bewacht von einem Sicherheitsbeamten an der Tür. Die Spiegelscheibe zur Beobachtung von außen hatte man kürzlich abgeschafft. Kameras übertrugen das Geschehen am Tisch mit einem Mikrophon darauf auf zwei Monitore in den Glupschersaal, wie die Angestellten der Inspektion das winzige Zimmer außerhalb des Vernehmungsraums scherzhaft nannten.

John verhielt sich den Umständen entsprechend kooperativ. Normal. Er betrachtete die Wände, nestelte an den Knöpfen seines Hemds und trommelte zum Zeitvertreib mit den Fingern auf den Tisch. Der Mann mit dem kurzen roten Kraushaar sah trotz seiner ungewöhnlichen Situation weder verängstigt aus, noch wirkte er überheblich. Die Arroganz mancher Täter, die glaubten, man könne ihnen nichts nachweisen, fehlte John völlig. Eher wirkte er gleichgültig, als ginge ihn das Ganze nichts an und er säße im Wartezimmer seines Hausarztes.

„Also, wie ein gemeiner Killer, der Leute in Gullys verschwinden lässt, kommt mir der nicht vor", meinte KHM Kohlbeck und zappte die Helligkeit an Monitor 1 höher.

Kreutz räusperte sich.

„Das Aussehen spielt keine Rolle", wies er Kohlbecks Einschätzung zurück, „das sollten Sie gelernt haben."

Kohlbeck brummte etwas in sich hinein, von dem nur er wusste, was es war.

„Wollen wir?", verpackte Kreutz seinen Befehl in eine Frage und marschierte, ohne auf Kohlbeck zu warten, in den Verhörraum. Der folgte ihm schnaubend. Die Chemiebrühe zwischen beiden brodelte schon länger. Kriminalhauptmeister Kohlbeck war nicht viel jünger als Kriminalkommissar Kreutz, der ihm ständig von oben herab blöd kam. Vorgesetzter hin oder her, lange ließ er sich das nicht mehr gefallen. In anderen Abteilungen suchten sie Leute wie ihn. Glaubte er wenigstens. Er schloss die Tür zum Verhörraum hinter sich. Kreutz hatte inzwischen John gegenüber Platz genommen.

Sandra Thaler hielt die Stellung neben Kreutz' Arbeitsplatz am Schreibtisch, den sie sich mit Hauptmeister Walter Kohlbeck teilte. Konzentriert recherchierte sie weitere Informationen zu Marion Sistic, der Anästhesieärztin, und speicherte sie ab. Einträge zu Jan John folgten. Vielleicht hatte Kohlbeck ja etwas übersehen beim Hauptverdächtigen im Fall des Friedhofsgärtners. Fehlanzeige.

Was war mit Sabine Stern, der Homöopathin? Sandra stieß auf keine nennenswerten neuen Erkenntnisse.

Was hatte Kreutz wegen der jeweils fehlenden Haarbüschel vermutet? Dass der Unfall von Markus Hirschbichler eben keiner war, sondern ein Fall. Wo war die Verbindung? Warum Haare? Sie wäre wahnsinnig gerne bei der Vernehmung von Jan John dabei gewesen. Die Morgensonne hatte es bereits geschafft, über die Nachbargebäude zu steigen und durch die Fenster des Büros zu lugen. Ein Schatten warf sich über Sandras Monitor. Sie sah auf.

„Grüß Gott Frau Thaler. So sieht man sich wieder. Sie wissen doch noch, wer ich bin?"

46) An der Pforte

Musste Michael alle Überzeugungskraft aufbringen, um den Beamten davon zu überzeugen, wie wichtig es für ihn, und besonders für Kommissar Kreutz sei, ihn vorzulassen.

„Der Kommissar ist gerade in einem Verhör", klang es aus dem Lautsprecher neben dem Sicherheitsglas. Der Pfortenbeamte bog sich das Mikro zurecht. „Kommen Sie morgen wieder."

„Es ist dringend. Kann ich wenigstens einen Mitarbeiter des Kommissars sprechen?"

„Ich schau mal, was ich machen kann", quäkte es aus dem Lautsprecher.

Der Staatsdiener drückte Tasten auf einem Tableau. Das Mikro nach draußen hatte er funktionslos geschaltet. Michael sah, wie sich die Lippen des Empfangsbeamten bewegten. Kurz darauf schaltete er das Mikro wieder ein und ließ Michael wissen: „Herr Warthens, Sie können ins Büro des Fachdezernats Mord hochkommen. Dritter Stock. Na, das wissen Sie ja. Ihren Ausweis und Mobiltelefon bitte nachher wieder abholen." Michael nickte, dankte flüchtig und machte sich auf den Weg nach oben. Vor der Tür zum Büro des Kommissars gab ihm ein Beamter zu erkennen, er solle bitte seine Arme heben.

„Beim letzten Mal habt ihr nicht so ein Theater gemacht, als ich hier war, und das ist noch nicht lange her."

„Der Kriminalrat ordnete an, die Sicherheitsbestimmungen in Zukunft wieder genau zu befolgen, Herr Warthens."

Michael wurde von ihm abgeklopft. Ganz bewusst hatte er alles zu Hause gelassen, was als Waffe interpretiert werden konnte. Er durfte passieren.

Ein paar Schreibtische im Großraumbüro waren besetzt. Michael stellte sich dem der Tür am nächsten sitzenden Polizisten vor und fragte nach einem Mitarbeiter von Kommissar Kreutz.

„Ah ja, der Kriminalrat hat gerade angerufen, dass Sie kommen. Der Kommissar ist zwar nicht da. Aber warten Sie." Er stand auf und lugte über den

Rand seines Monitors. Er zeigte auf einen Schreibtisch in Fensternähe. „Frau Thaler gehört momentan zu seinem Team. Sie wird Ihr Anliegen sicher entgegennehmen."

Neben Kreutz' Schreibtisch war eine junge Beamtin in einen PC-Monitor vertieft, als sei sie mit ihm verschmolzen. Michael erkannte Sandra Thaler sofort wieder. Die Dame war bei Bertis Befragung dabei gewesen.

„Grüß Gott Frau Thaler. So sieht man sich wieder. Sie wissen doch noch, wer ich bin?" Er stellte sich neben sie und warf einen Blick auf ihren Monitor. Recherche, sah er sofort.

Sandra schreckte auf und starrte Michael in die Augen.

„Wer …? Wie kommen Sie denn hier herein?"

„Ihr Kollege da drüben sagte, ich dürfte mit Ihnen sprechen."

Die Tür zum Büro ging auf. Kriminalrat Pullman brachte einen leicht muffigen Hauch vom Flur mit ins Büro. Mit ausladenden Schritten steuerte er direkt auf Michael zu.

„Sie sind also dieser Privatdetektiv. Warthens, nicht wahr?"

Er kannte Pullmann flüchtig und von Pressefotos. Live machte er den Eindruck wie ein ukrainischer Boxchampion.

„Tja, Herr Warthens. Nachdem der Pfortenbeamte mich informierte, dass Sie da sind, wollte ich Sie mal kennenlernen. Ich beobachte Ihre Aktivitäten schon länger. Seit Hauptkommissar Obermeier in Pension ist, hört man ja schlimme Sachen von Ihnen."

Michael fühlte sich überrumpelt. Wieso kam der Kriminalrat auf ihn zu? Lieber hätte er mit der sicher zur Auskunft bereiten Frau Thaler gesprochen.

„Was meinen Sie?" Hatte er etwas verbrochen?

„Na, die Sache in Hannover. Die Kollegen dort …" Er schien sich einzubremsen. Kollegenschelte kam nicht gut an, besonders wenn eine Anwärterin zuhörte. „… machen ja einen guten Job. Schön, dass es Ihnen wieder gut geht."

„Ja, danke. Aber um mir das zu sagen, haben Sie mich nicht hierher vorgelassen, oder?"

„Aber nein", lächelte Pullmann den Einwand weg. „Ich sprach mit Kommissar Kreutz, nachdem gestern diese Frau am Klinikum, Frau …" Er stockte.

„Frau Doktor Sistic", half ihm Sandra Thaler. „Marion Sistic, vierzig, Anästhesieärztin im Klinikum Rosenheim."

„Danke, Frau Thaler. Also, nachdem die Leiche der Frau aufgefunden wurde, informierte mich der Kommissar über Verdachtsmomente, die auf andere Todesfälle hinweisen. Ich überflog alle Protokolle zu den Fällen, und prompt tauchen Sie darin wieder auf, und zwar zu einem mehrere Monate zurückliegenden Unfall in der Nähe von Bad Endorf. Kommissar Kreutz erwähnt Sie darin als Zeugen."

„Schön", tat Michael, als würde er sich darüber freuen. In Sandras Recherche-Datei waren ihm vorhin sofort die gelb hinterlegten Worte Lücke im Haar aufgefallen. „Aber Sie sagten gerade, die Leiche dieser Ärztin sei gestern gefunden worden. Gibt es da eine Überschneidung, Ähnlichkeiten mit Markus, ich meine, mit Herrn Hirschbichlers Unfall im letzten Jahr und dieser Frau?"

„Hat Ihnen der Kommissar das nicht gesagt?"

„Was?"

„Na, dass allen Toten und eben dieser Frau – na …"

„Sistic", sprang ihm Sandra Thaler erneut zur Seite und verdrehte heimlich die Augen. Michael bemerkte es und empfand einen Anflug von Sympathie für die junge Dame.

Pullmann fand den Faden wieder: „Genau. Denen wurden Haare, vermutlich posthum, entfernt. Ebenso wie Ihrem Bekannten, Herr Warthens, und immer an derselben Stelle."

„Der gleichen", berichtigte Sandra Thaler.

Da der Kriminalrat sie nur kurz und strafend ansah, zuckte sie mit den Schultern und lehnte sich zurück. Sendepause.

„Also an der gleichen Stelle. Immer am Hinterkopf." Pullmann gab sich einen Ruck und schnaufte aus, als werfe er irgendwelchen Ballast von Bord. „Normalerweise dürfte ich Ihnen keine tatrelevanten Ermittlungsergebnisse überlassen, Herr Warthens. Ich würde das nicht machen, wenn Hauptkommissar Obermeier Sie nicht als absolut vertrauenswürdig und integer beschrieben, und er mich nicht sogar gebeten hätte, Sie zu informieren. Ich kann doch auf Ihre Verschwiegenheit und Mithilfe als Zeuge setzen?"

Michael musste nicht lange überlegen: „Natürlich. Und Grüße zurück an Obermeier. Aber nochmal zu den Haarlücken. Wieso hat man das bei Markus damals übersehen? Davon hat Kreutz nichts erwähnt, auch nicht letztes Jahr, als er mich befragt hat."

„Na, das kam ja erst vor zwei Tagen ans Tageslicht, im wahrsten Sinn des Wortes, also nach Exhumierung Hirschbichlers und der zweiten Leichenschau."

„Was?" Michael erschrak, als hätte Pullman gesagt, Markus wäre noch am Leben. „Das ist doch …". Plötzlich purzelten diese Erkenntnis und seine Vermutung in einen Topf. „Wissen Sie, Herr Kriminalrat, ich bin hier, weil ich Kreutz etwas mitteilen muss. Vielleicht hat er selbst schon die gleiche Spur."

„Dieselbe?", kam von Pullmann, der kurz zu Sandra schaute. Ruhetag.

Michael ignorierte den Einwurf.

„Wurscht. Sie haben doch Jan John festnehmen lassen. Ich habe das mitbekommen. Er ist sicher hier, oder?"

Pullmann nickte.

„Natürlich. Kommissar Kreutz verhört ihn gerade. Was wissen Sie über diesen John?"

„Kann ja sein, dass Ihr Kommissar ebenso wie ich vermutet, der Mann der verstorbenen Laura John verübt so etwas wie Rache an den Leuten, die er für den Tod seiner jungen Frau verantwortlich macht. Ich aber denke, dass er es allgemein auf Menschen mit medizinischen Berufen abgesehen hat. Die müssen gar nichts mit dem Tod seiner Frau zu tun gehabt haben. Sie sagten, dass den Opfern Haare am Hinterkopf entfernt wurden. Weiß man, wieso?"

„Ich glaube, noch nicht." Pullmann sah sehr ernst aus. Oder konnte er Michael nicht folgen? „Soweit ich weiß, wurde dazu aber sogar immer die gleiche, oder von mir aus auch dieselbe Schere benutzt. Das ist Fakt.

„Sehen Sie. Ich wollte dem Kommissar mitteilen, dass die Betroffenen, bis auf den Friedhofsgärtner, allesamt irgendwie mit kranken Menschen zu tun hatten."

„Da irren Sie sich, Herr Warthens, im Fall Hirschbichler, mit dem Sie ja selbst befreundet waren, zum Beispiel. Der war doch Bademeister."

„Fachangestellter … wurscht. Stimmt nicht ganz, Herr Kriminalrat. Markus war bis vor ungefähr zwanzig Jahren als Alten- und Krankenpfleger beschäftigt. Im Haus Rosette, das es heute nicht mehr gibt. Und jetzt kommen Sie mit der Leiche einer Ärztin? Unfall, oder?"

„Nein. Mord. Wieder fehlen eindeutig Haare am Hinterkopf."

„Hat sie was verbockt?"

Hilfesuchend ruhte Pullmans Blick auf Sandra Thaler, die es sich mit verschränkten Armen im Chefsessel gemütlich gemacht hatte.

Pullman äusperte sich.

„Wenn Sie wieder zu uns zurückkehren möchten, Frau Thaler. Haben Sie die Frage von Herrn Warthens mitbekommen?"

Mit einem tiefen Seufzer beendete die Anwärterin ihren Kurzurlaub.

„Am Rande", flüsterte sie in sich hinein, und Michael ahnte die beiden Worte an ihrer Lippenbewegung. Laut sagte sie: „Was wollen Sie wissen?"

„Ob gegen Frau Dings, Sistic, der toten Ärztin halt, irgendetwas vorliegt?"

Sandra klickte und haute in die Tasten.

„Nö, aber der Stationsarzt sagte aus, dass eine Frau wegen des Todes ihres Vaters wütend auf die Ärzte im Klinikum war. Habe ich aber überprüft. Zur Tatzeit war Frau Kalendar, so heißt sie, in Paris. Frankreich."

„Wo sonst soll Paris sein?", ätzte Pullmann.

Michael reagierte: „In Texas, Herr Kriminalrat. Ich denke, Frau Thaler, meint das französische. Aber, Frau Thaler, gibt es Unterlagen zu einem Vorfall im Seniorenheim Rosette? Zweifelte jemand an einem angeblich natürlichen Todesfall einer alten Dame so um 2000 herum? Die Polizei soll einem Zweifel nachgegangen sein. Eine Aktennotiz vielleicht?"

Sandra fragte noch einmal nach dem Namen des Heims, gab unnatürlicher Todesfall dazu ein. Pressemeldungen erschienen, aber keine zu irgendwelchen Bedenken gegen den Befund des natürlichen Todes einer alten Dame. Sie wechselte auf interne Polizeiarchive. Nichts.

„Das liegt wahrscheinlich zu lange zurück, sogar wenn Sie recht haben", sagte Pullmann. „Aber das mit Hirschbichler ist trotzdem interessant. Das reiht sich ja nahtlos ein. Pfleger, Heilpraktikerin, Ärztin. Aber dazu ein Friedhofsgärtner?"

„Das ist schon ein wenig außer der Reihe", stimmte Michael zu. „Trotzdem könnte er eine Rolle im Leben des Mörders, oder der Mörderin gespielt haben. Immerhin hatte er auf dem Friedhof zu tun. Ich habe eine Klientin, die von einem Mann am Grab angesprochen wurde. Er fragte sie, ob jemand schuld am Tod ihres Mannes sei, der dort im Grab liegt. Sie ist es, die mich erst darauf gebracht hat, der ihr fremde Mann, der sie auf dem Friedhof anredete, der könnte etwas mit dem Tod des Gärtners im Gully zu tun haben." Michael stutzte. „Und Sie sagen, der Gärtner hatte diesen Schnitt in gleicher Weise am Hinterkopf?"

„Im Haar, ja. Jedenfalls steht es so in den Protokollen unseres Kommissars Kreutz."

„Danke." Michael hatte die Verbindung, ein Motiv, und er konnte endlich seiner Auftraggeberin Sonja Braun den Mörder von Claudius Altmann liefern.

„Darf ich?" Er nestelte nach seinem Handy in der Sakkotasche. Dass es zusammen mit dem Personalausweis an der Pforte in Sicherheit gebracht worden war, damit ein Fremder wie er nur ja keine Fotos der Polizeiräume oder gar von Beamten schießt, hatte er völlig verdrängt.

Deshalb wagte er: „Darf ich mal telefonieren, bitte."

„Hat es mit dem Fall zu tun?"

„Mit allen Fällen, Herr Kriminalrat. Mit allen!"

Jetzt hatte Pullmann nichts dagegen, dass Michael das Diensttelefon nutzte.

Sandra fragte nach der Nummer, die Michael anrufen wollte. Mit Mühe kramte er Connys Festnetznummer aus den hinteren grauen Zellen.

„Hör mal, ich bin hier in der Kriminalfachinspektion, ich brauche dringend deine Hilfe."

47) DIE HAND

SCHMERZT. OB DAS PFLASTER GENÜGT? EIN VERBAND WÄRE SICHER BESSER. Aber das geht jetzt nicht. Der Moment ist ganz schlecht.

Zugebissen hat die blöde Tussi von Ärztin, als wäre seine Hand ein Steak. Dabei war sie nichts als eine Pfuscherin. Wie sagte die Tochter: Die Operation ihres Vaters wäre gar nicht nötig gewesen. Da ging es nur ums Geld, nur um die dicke Kohle von der Krankenkasse, oder von der Privatkasse, oder von woher auch immer. Der Reibach lässt Leute sterben. Nein, stimmt nicht ganz. Die Typen, die den Gewinn einheimsen, die sind es. Mörder in Weiß. Oder Blau. Grün. Oder im Nadelstreif. Und die Pharmafuzzis.

Das Krankenhaus spart sich selbst zu Tode, lässt Personal gehen und stellt keine neuen Kräfte mehr ein. Sogar die Reparatur von Überwachungskameras sparen sie sich. Glück gehabt. Er kennt den Hausmeister vom Facility-Service des Klinikums. Dragan schimpfte wie ein Rohrspatz über das Fehlen einer funktionsfähigen Kamera auf dem Flur ganz oben. Egal und vorbei. Jetzt heißt es, sich zu konzentrieren. Eine neue Aufgabe wartet. Und er stellt hier die Fragen. Die Frage.

48) Wer ist schuld?

Michael wartete auf den Rückruf von Conny und erklärte dem Kriminalrat und der staunenden Sandra Thaler in der Zwischenzeit, wie der Mann auf dem Friedhof vermutlich, nein, sogar sehr wahrscheinlich vorging.

„Er besucht sicher Beerdigungen. Anschließend, Tage oder Wochen später, beobachtet er am Grab den oder die Angehörigen, Ehemann oder -frau, Sohn oder Tochter, Lebensgefährten, wie auch immer. Er geht hin, heuchelt Beileid, und dann stellt er diese Frage. Ich habe lange darüber nachgedacht. Und er hat nicht ganz unrecht. Jeder stellt sich doch nach dem Verlust eines Angehörigen die Frage, ob es dafür Schuldige gibt. Und der Mann, ich sage mal Jan John, wie wir alle hier vermuten, versetzt die Leute in den Glauben, es gebe tatsächlich Schuldige. Ärzte, Schwestern, Pfleger, Heilpraktiker. Egal, wem die Hinterbliebenen die Verantwortung zuschieben, berechtigt oder nicht, John übernimmt es, Schuldtragende zu bestrafen. So, das ist meine Meinung, Herr Kriminalrat."

Der hatte mit leicht geöffnetem Mund zugehört und deutete ein Nicken an.

„Herr Warthens, ich denke, unsere Leute, allen voran Kommissar Kreutz, haben sich bereits Ähnliches gedacht. Jetzt fehlen nur noch ein klares Motiv und ein Beweis. Aber bravo, Herr Warthens, ich dachte mir schon, dass Sie die Fälle nicht kalt lassen. Wissen Sie, in Wellington ist es jetzt kurz nach sieben Uhr abends. Ich rief vorhin Hauptkommissar Obermeier dort an. Schöne Grüße an Sie, Warthens, richtete er aus. Er meinte, wir sollten Sie hinzuziehen, nur als Zeugen, denn er wusste, dass Sie sich in solche Dinge reinhängen. Schön, dass Sie freiwillig hier sind. Eine Kooperation mit uns Bullen ist doch allemal besser, als alleine herumzuschnüffeln, nicht wahr."

Der Ton Pullmanns klang nicht unfreundlich, eher kumpelhaft, was Michael überhaupt nicht leiden konnte.

„Das Wort Bullen würde ich nicht in den Mund nehmen, Herr Kriminalrat. Ebenso wenig wie ich herumschnüffele. Immerhin hat mich dieses Schnüffeln zu Ihnen geführt. Hilft's?"

„Natürlich. Entschuldigen Sie. Wie gesagt, sind Kommissar Kreutz und Hauptmeister Kohlbeck gerade im Verhörraum. Sie nehmen diesen Jan John in die Mangel. Bin gespannt auf das Ergebnis."

„Tja", seufzte Michael, „dieser John, gell. Ich hatte doch vorhin meine Klientin erwähnt, die von einem ihr fremden Mann am Grab angesprochen wurde. Sie beobachtete danach, wie der sich mit dem Gärtner Altmann heftig gekabbelt hat. Der wäre für mich die Nummer eins als Kandidat für den Mord an Altmann."

Pullmann machte einen Schritt auf Michael zu und sah ihm scharf in die Augen.

„Wer ist diese Klientin?", flüsterte er beschwörend. „Name, Adresse, und sie muss uns alles sagen, was sie darüber weiß. Wenn es John ist, dann ..."

Das Telefon neben Sandra klingelte.

„Ihre", unterbrach Sandra ihren Vorgesetzten, hüstelte und reichte Michael das Mobilteil des Telefons, „Freundin, Frau Linden." Sie errötete, wohl weil sie fürchtete, Pullmann würde sie wegen der Unterbrechung gleich ganz fürchterlich rüffeln. Der Kriminalrat hatte seinen Adlerblick aber noch immer auf Michael gerichtet.

Der schnappte sich das Telefon.

„Und?"

Conny erklärte ihm hörbar atemlos, dass sie seinen Reserve-Autoschlüssel, den er bei ihr zur Sicherheit hinterlegt hatte, nicht gleich gefunden habe.

„Der war nicht im Schlüsselkasten, sondern – ist ja egal. Ich bin dann zum Parkhaus gefahren. Dein Auto zu finden ist ja wohl eine Lebensaufgabe."

„Du hättest nur die Fernbedienung drücken müssen, dann hätten die Lichter geblinkt."

Conny unterbrach ihn mit Ärger in der Stimme: „Was glaubst du, was ich gemacht habe? Hä? Also, wie du gesagt hast, lag die Kamera auf dem Beifahrersitz. Ich habe die Karte rausgenommen, bin zurückgefahren und habe die Fotos, die du mir genannt hast, an Sonja geschickt."

„Okay, warte bitte." Michael legte die Hand über den Hörer und sah Pullmann an. „Conny hat Fotos von Jan John an Sonja Braun geschickt. Sonja Braun ist die Frau, meine Klientin, die den Verdacht hatte, der Mann, der sie am Grab mit, Wer ist schuld, angesprochen hat, habe den Gärtner Altmann auf dem Gewissen."

Pullmann zog die Brauen zusammen. Hatte er verstanden?

„Aha."

Mit rauer, aufgeregter Stimme wandte sich Michael wieder Conny zu.

„Und, was sagt sie?"

Michael ließ den Hörer auf Hüfthöhe sinken.

„Der ist es nicht. Auf keinen Fall ist das der Mann, der sie auf dem Friedhof angesprochen und mit Altmann gestritten hat."

49) Im Verhörraum

Herrschte betretenes Schweigen. Wenn sich der Kriminalrat anschließend die Aufzeichnung von Johns Vernehmung ansah und anhörte, würde er ebenso einen Kloß in den Hals bekommen wie soeben Kohlbeck und Kreutz.

John verbarg sein Gesicht in den auf dem Tisch ruhenden Armen und weinte wie ein Kind. Der 27-Jährige zeigte sich entsetzt über das, was ihm unterstellt wurde. Er sollte unter anderem für den grausamen Tod des Friedhofsgärtners Altmann verantwortlich sein.

Jan John hob seinen Kopf, blieb aber über den Tisch gebeugt wie einer, der Schläge auf den Kopf zu erwarten gehabt hätte.

„Warum sollte ich Claudius so etwas antun? Der Alte war doch so ein netter Kerl. Kümmerte sich aufopfernd um die Botanik auf dem Friedhof. Wir waren so was wie Nachbarn, und er hat mir oft Tipps für meinen Garten hinten am Haus gegeben."

„Sie wohnen alleine in ihrem Haus in Großkarolinenfeld?", fragte Kreutz. Er riss sich zusammen, Johns Gebaren weder als echt, noch als Theater zu bewerten. Wenn der Mann log, konnte er das zumindest gut. Weil John seine rote Nase erneut in die Ellenbeuge steckte, tippte er ihn am Arm an, obwohl er wusste, dass er den Verdächtigen keinesfalls berühren sollte. Körperkontakt konnte von einem pfiffigen Anwalt leicht als Gewaltversuch ausgelegt werden.

John reagierte: „Hä?"

Jetzt versuchte Kohlbeck sein Glück: „Ob Sie alleine wohnen, fragte der Kommissar."

Schniefend bejahte John. Sein Gesicht sah bei weitem geröteter aus, als es sowieso schon war. Er roch nach Schnaps und säuerlich, als hätte er sich tagelang nicht gewaschen.

„Ich habe es von meinen Großeltern. Meine Eltern wollten nix mehr mit mir zu tun haben, weil ich Laura heiraten hab' wollen. Wie sie schwanger geworden ist, sind Opa und Oma aus dem Haus ausgezogen, weil sie gesagt haben, jetzt bräuchten wir mehr Platz als sie. Die sind in den Margarethenhof gezogen, wissen Sie, betreutes Wohnen und so. Inzwischen ist mein Opa gestorben. Vielleicht, weil er sich so auf einen Urenkel g'freut hat, und dann ist das mit Laura passiert."

„Genau", fing Kreutz den Faden auf, „Ihre Laura. Sie ist doch an einem anaphylaktischen Schock gestorben. Haben Sie jemand in Verdacht gehabt, der dafür die Schuld tragen konnte?"

„Ja, schon." John wischte sich die Nase mit dem Hemdärmel ab. „Aber der Doktor hat ihr doch ein Notfallset verschrieben. In der Freude, dass sie schwanger war, ganz am Anfang war sie, kurz vor 'm dritten Monat, da hat sie's halt vergessen. Und dann ist es passiert."

Kreutz formte seine Augen zu Schlitzen.

„Sie war Patientin bei der Heilpraktikerin Sabine Stern. Könnte sie schuld sein?"

„Wieso?" John stutzte überrascht. „Die hat doch sogar noch alles versucht, die Allergien von Laura genauer einzugrenzen. Die Ursache der Symptome wollte sie mit einer Haaranalyse eingrenzen. Ich weiß nur, dass sie eine Haarprobe an ein Labor oder so was eingeschickt hat damals. Aber das Ergebnis war ja dann ..." er schluckte und fiel in einen erneuten Weinkrampf. Tränenerstickt bekam er das Wort „überflüssig" heraus.

Kreutz und Kohlbeck nickten sich zu.

„Exhumierung Nummer zwo?", sprach Kohlbeck seinen eigenen Wunschgedanken laut aus.

„Wäre super", bestätigte Kreutz trocken, „wenn man aus der Asche in der Urne lesen könnte, wo am Kopf und wie die Haarprobe genommen wurde, gell."

Der Sarkasmus traf Kohlbeck ins Mark. Warum hatte er nicht daran gedacht und sich vorher überlegt, was er sagte. Von nun an hielt er sich zurück, in die Befragung einzugreifen.

Kreutz wandte sich wieder seinem Verdächtigen zu.

„Herr John, bitte. Jetzt reißen Sie sich mal zusammen!"

John zuckte und fuhr hoch.

„t'schuldigung."

„Ich verstehe ja Ihren Frust und den Schmerz über Ihren Verlust. Trotzdem ist Altmann tot. Ebenso Sabine Stern, und noch andere Opfer, denen Haare am Kopf entfernt wurden. Jetzt kommen Sie und sagen, Ihrer Frau seien kurz vor ihrem Tod Haare für eine Analyse entfernt worden. Wissen Sie, wohin die Probe ging?"

„Keine Ahnung. Warum? Ist das wichtig?"

„Würde ich sonst fragen?"

Kreutz erhob sich und zeigte dem Wachbeamten an, John abzuführen.

„Sie bleiben unser Gast, bis wir weitere Ergebnisse haben. Ihnen steht ein Anwalt zu. Oder haben Sie einen, den Sie anrufen können?"

„Ich brauch‘ doch keinen. Ich hab' nix gemacht."

Ohne einen Haftbefehl von Staatsanwalt Feldmann konnte er John nicht lange festhalten. Den Antrag auf U-Haft würde er sofort im Anschluss stellen.

„Das werden wir sehen."

John wehrte sich schwach gegen den Griff des Wachbeamten, dem Kreutz noch mitgab, er solle eine Blutentnahme bei John veranlassen. Der junge Mann zitterte am ganzen Leib. Er war eindeutig Alkoholiker. Selbst der gerne eiskalte Kreutz fürchtete, er könnte das nach dem Tod seiner jungen schwangeren Frau geworden sein.

Laut sagte er: „Mist, jetzt können wir wieder von vorn anfangen!"

50) Der Kriminalrat

Sah Michael an, als sei der nicht ganz dicht. „Na, das werden wir ja sehen, wenn der Kommissar diesen John in die Mangel genommen hat."

Die Enttäuschung über die vorläufige Zeugenaussage von Sonja Braun, John sei nicht ihr Hauptverdächtiger, stand ihm und Michael ins Gesicht geschrieben.

Pullmann kniff die schmalen Lippen zusammen und öffnete sie erst wieder, um Michael darüber aufzuklären, dass die Zeugin Sonja Braun zu einer Gegenüberstellung dennoch persönlich erscheinen müsse.

„Ich glaube nicht", resignierte Michael, „dass sie John trotzdem noch identifizieren wird. Die Hoffnung können Sie sich sparen. Sonjas Aussage gerade war eindeutig. Der Kerl vom Friedhof muss vollkommen anders aussehen." In diesem Moment riss Kreutz die Tür zum Büro auf. Kohlbeck folgte in einigem Abstand. Kreutz stoppte auf dem Weg zu seinem Schreibtisch, schaute verblüfft von Pullmann zu Michael und zurück. Sandra Thaler am Schreibtisch versteckte sich hinter dem Monitor. Der Beamte am Tisch neben der Eingangstür unterbrach seine Arbeit am Computer, lehnte sich zurück und schien zu warten, bis der Trubel im Büro abflaute.

„Was machen Sie denn hier?", blaffte der Kommissar Michael an und verlor fast den USB-Stick in seiner Hand.

Der Kriminalrat schritt ein: „Kommissar Kreutz, Herr Warthens hat eine wichtige Aussage zu den Fällen gemacht. Ich selbst habe ihn darum gebeten."

„Ach so, ist das nun die berühmte Verstärkung, die ich angefordert habe?" Kreutz war sichtlich aufgebracht.

Er umrundete Pullmann und Michael, bevor er den Stick in seinen Computer schob. Sandra sprang auf und machte ihm Platz.

„Dann sehen Sie sich mal die Vernehmung an, Herr Kriminalrat. Damit ist Ende Gelände. Dieser John wäre niemals dazu in der Lage, solche Morde zu planen, geschweige denn akribisch auszuführen, und zwar so, dass er keine oder kaum Spuren hinterlässt. Unsere Tatperson lässt sie sogar wie Unfälle aussehen. Ein fertiger Alki schafft das niemals."

„Und wie gehen Sie jetzt weiter vor?", erkundigte sich Pullmann. „Wissen Sie, Herr Warthens hat eine Zeugin befragt, die John ebenfalls als jemanden ausschließt, der sich an Klinikpersonal rächt. Der Mann, den diese Frau beobachtet hat, hatte Streit mit Altmann auf dem Friedhof, aber sie sagt, dass es nicht der Verdächtige Jan John war."

Kreutz sah auf und wackelte mit dem Kopf.

„Wie bitte?" Er reagierte mit dem ähnlichen Reflex wie Pullmann zuvor und schaute Michael herausfordernd an: „Dann sagen Sie dieser Zeugin, sie soll sich hierher begeben, damit sie uns den Mann beschreibt und wir ein Phantombild anfertigen lassen können. Besser, Sie nennen uns ihren Namen, und wir laden sie höchstpersönlich vor."

Michael nickte.

„Natürlich. Ich habe übrigens einen anderen Verdacht." Sachlich klärte er Kreutz über seine Vermutung über das Motiv eines nun wieder unbekannten, wohl aber männlichen Täters auf.

„Außerdem hat Herr Warthens etwas Interessantes über den Fall Hirschbichler herausgefunden", half ihm Pullman. „Der war mal Pfleger und hatte ein schlechtes Gewissen, weil eine alte Frau wegen ihm gestorben ist."

Kreutz schluckte.

„Das passt ja voll ins Opfer-Profil. Heiler, Pfleger, Ärzte."

Pullmann stellte sich an Michaels Seite.

„Eben."

„Also", begann Kreutz mit bemüht unterkühltem Tonfall, „unser weiteres Vorgehen sollte sein, John trotz aller Zweifel in U-Haft zu nehmen. Wir haben niemand anderen. Die Leute lesen Zeitungen und sind beunruhigt. Wir brauchen diesen Fahndungserfolg, um den Ball flach zu halten. Eine PK ..."

Auf Kreutz Schreibtisch klingelte das Telefon.

Er meldete sich und hörte lange aufmerksam zu, bevor ein Lächeln über sein Gesicht huschte.

„Das war Gideon Baumgartner, der Dok. Er hat an den Zähnen von Marion Sistic Blut gefunden. Er dachte zunächst, sie hätte sich beim Aufprall im Mundbereich verletzt, was ja der Fall ist. Aber es gibt ebenso Fremdblut. Sie muss den Täter, ja den Täter gebissen haben. Wir haben eine DNA. Der Mistkerl ist männlich."

51) *Jan John*

Saß in seiner Zelle und betete. Die Tür ging auf und ein mittelgroßer Mann, irgendwo zwischen dreißig und fünfzig Jahre alt, betrat den winzigen Raum.

„Guten Tag, Herr John. Ich bin Dr. Adam Moser, Ihr Rechtsanwalt. Ihnen steht ein Pflichtverteidiger zu, das wissen Sie?"

John bejahte.

„Aber ich bin unschuldig."

„Das sehen wir ja dann." Der Mann im sportlich leichten Anzug bat John, ihm in den Besucherraum zu folgen. Der besaß große Ähnlichkeit mit dem Vernehmungsraum, nur dass Kameras und Mikrofone fehlten. Ein Aufsichtsbeamter bezog dennoch Stellung an der Tür.

„Herr John, erzählen Sie mal aus Ihrer Sicht, was man Ihnen vorwirft, und wieso Sie überhaupt in Verdacht geraten sind."

Jan John fing an, stockend und weinerlich seine Geschichte zu erzählen. Er begann mit Laura:

„Laura und ich haben uns verliebt, mein Gott. Unsere Eltern sind aber tief zerstritten. Die haben uns voll boykottiert. Sie haben mich rausgeschmissen, wie sie erfahren haben, dass Laura schwanger ist. Der Streit zwischen ihren und meinen Eltern eskalierte wegen einem blöden Grundstück, Wegerecht und so. Muss man sich deshalb spinnefeind werden? Okay, muss man wohl. Meine Großeltern aber haben sich sogar auf einen Urenkel gefreut, und dann ist Laura das mit dem Notfallset passiert. Ich hätte besser aufpassen sollen, ich …"

„Jetzt geben Sie sich mal nicht selbst die Schuld", beruhigte ihn der Anwalt. „Ich habe mich natürlich in Ihren Fall hineingelesen. Wenn jemand überhaupt verantwortlich war, dann könnte es Lauras Arzt gewesen sein, der sie vielleicht nicht auf die große Dringlichkeit des Sets hingewiesen hat. Es war ein tragischer Unfall."

„Meinen Sie?"

„Ja. Aber wie kommt die Polizei darauf, Sie zu verdächtigen?"

„Da ist — war dieser Gärtner, Altmann. Jemand hat geglaubt, ich hätte ihn im Gully sterben lassen. Aber ich weiß doch gar nicht, warum. Bloß, weil ich in der Nähe wohne?"

„Man hat Sie in Verdacht, weitere Personen ermordet zu haben", erklärte Dr. Moser lapidar.

John explodierte förmlich: „Was! Ich soll was?"

Völlig überrumpelt erschrak Anwalt Moser.

Mit unerwarteter Wucht sprang John auf und ging seinem Anwalt an die Gurgel. Der Wachmann kam Dr. Moser zu Hilfe und riss John zurück.

In diesem Moment ging die Tür auf.

„Stör ich?" Kohlbeck trug eine Umlaufmappe, die ihm beim Erfassen der Situation beinahe aus den Händen fiel.

John erschlaffte. Die Anstrengung war zu viel für ihn.

Der Wachmann drückte ihn in den Stuhl zurück und legte ihm Handschließen an.

Kohlbeck räusperte sich, während Dr. Moser seinen Anzug in Form brachte.

„Das war nicht hilfreich, Herr John", sagte der Anwalt mit gebrochener Stimme. John hatte ihm ganz schön zugesetzt.

„Ich habe hier die Ergebnisse des Bluttests", erklärte Kohlbeck und legte sie dem Anwalt vor. „Ich denke, Ihr Mandant braucht Sie nicht mehr."

Dr. Moser war die Erleichterung darüber anzusehen. Er blätterte in den Akten.

„2,2 Promille, Junge, Junge", brummelte er. „Aha, die Blutgruppe stimmt also schon mal nicht überein. Dann wird die DNA-Analyse das ja bestätigen."

Das Fremdblut an Marion Sistics Zähnen stammte nicht von Jan John. Er war endgültig raus.

52) Die Meldung

An die Presse, ein Verdächtiger im Fall des Friedhofsgärtners sei gefasst, ließ Kreutz mit Einverständnis des Kriminalrats so stehen, wie ursprünglich geplant. Eine Pressekonferenz dazu sollte stattfinden, wurde aber wegen dringender weiterer Ermittlungen verschoben. Pullmann war zurück in sein Büro gestapft und teilte Kreutz die vorläufige Absage telefonisch mit.

Michael Warthens hatte sich Sonja Brauns Zustimmung ebenfalls telefonisch zugesichert, sie als Zeugin benennen zu dürfen, bevor er sich zurück in sein Büro verabschiedete. Ihre Daten befanden sich nach ihrer letzten Anzeige gegen den Unbekannten vom Friedhof noch in den Unterlagen der Inspektion. Das Mini-Team um Kommissar Kreutz war wieder unter sich.

„Da John nicht der Täter sein kann", klärte Kreutz Kohlbeck und Sandra Thaler auf, „läuft der wahre Täter da draußen herum. Der soll sich ruhig in Sicherheit wähnen. Ein raffinierter, intelligenter Mann, der keine Skrupel kennt, und trotzdem mit aller Vorsicht und planvoll vorgeht. Wir müssen auf der Grundlage unserer Kenntnisse die Person einkreisen. Also, was haben wir? Frau Thaler? Und Kohlbeck, machen Sie mal das Fenster zu!"

Die Luft an diesem Freitagvormittag hatte sich draußen erneut frühlingshaft frisch angefühlt. Im Großraumbüro der Polizeiinspektion dagegen verwandelte sie sich in ein heikles Gasgemisch. KHM Kohlbeck knallte das Fenster zu, als wäre es sein Feind.

„Also, Frau Thaler?", trieb Kreutz die Praktikantin an.

Kohlbeck setzte sich Sandra gegenüber und verschränkte die Arme.

„Von einem Zeugen, Herrn Warthens, haben wir Hinweise darauf", begann Sandra, „dass der Mann auf dem Friedhof Angehörige von Verstorbenen anspricht. Wahrscheinlich ist er bei aktuell drei Fällen so vorgegangen. Im vierten Fall, Altmann, ist noch unklar, warum er sterben musste. Vielleicht wegen eines Streits auf dem Friedhof und was damit zusammenhängt. Allen gemein ist, dass Haare an den Hinterköpfen der Opfer höchstwahrscheinlich mit derselben Schere entfernt wurden. Von Herrn John wissen wir, seiner Frau seien kurz vor ihrem Tod Haare für eine Analyse abgeschnitten worden. Warum, das ist ebenfalls unklar."

Kreutz ging an den Schreibtischen vorbei auf und ab wie ein Lehrer, der einer Schülerin beim Referat zuhört.

„Da ist ja einiges unklar. Das heißt, wir haben fast nichts, womit wir den männlichen Täter erkennen können. Wenn wir ihn festnehmen würden, wäre es einfach, ihm zumindest eine Tat nachweisen zu können, nicht wahr, Kohlbeck?"

Kohlbeck blieb in seiner Haltung mit den verschränkten Armen und antwortete widerwillig: „Mit seiner DNA. Das wäre dann aber nur die Tat an der Ärztin."

„Wenn wir die Schere bei ihm finden würden", überlegte Sandra, „wäre das der Beweis für die anderen Tötungen."

„Soll ich jetzt wirklich noch den blöden Satz mit der Fahrradkette zitieren?", raunzte Kreutz. „Hätte, hätte. Dazu brauchen wir erst einmal ein ordentliches Täterprofil. Das von den Opfern haben wir ja. Na ja, mal sehen, was diese Klientin von Warthens zu sagen hat, diese Frau Braun."

Sandra meldete sich vorsichtig: „Und wenn es die Angehörigen von Verstorbenen selbst waren, die einen Schuldigen gesucht haben und ..."

„Quatsch", fiel ihr Kreutz ins Wort, „Sie wissen doch, was dieser Warthens ausgesagt hat. Pullmanns Busenfreund hat vielleicht sogar recht."

Kohlbeck flüsterte in sich hinein, man könne genau deshalb jemand zum Friedhof abkommandieren, um den Kerl zu ködern. Aber er ließ es bleiben, seinem Chef diese Idee laut zu kredenzen. Er würde sich bei der Sitte bewerben. Und wenn sie ihn nähmen, ginge ihn das Ganze hier sowieso bald nichts mehr an.

„Wer ist mein Busenfreund?"

Kreutz, Sandra und Kohlbeck hatten Kriminalrat Pullmann nicht kommen sehen.

53) „Romeo und Julia"

Michael hatte erst eine Tasse Kaffee getrunken an diesem Vormittag. Den Kriminalern vorhin war nicht eingefallen, ihm eine anzubieten. Zur zweiten, nun in seinem Büro, hatte Conny ihn angerufen.

„Was?" Conny lachte ins Telefon.

„Der John und seine Laura", wurde er deutlicher, „wie Romeo und Julia. Die Familien sind verfeindet, aber die Kinder lieben sich."

„Das hilft dir aber auch nicht weiter, oder?"

Es klopfte. Gerhard und Karoline, Michaels Angestellte, fragten, ob sie ihren aktuellen Auftrag weiterführen sollten, oder ob es etwas Neues zu tun gab.

Michael ließ die beiden fünfzehn Jahre jüngeren Mitarbeiter als Paar auftreten, die im Auftrag des Ehemannes dessen Frau zu einem flotten Dreier überreden sollten. Treuetests waren schwer im Kommen und machten mittlerweile einen Großteil seiner Aufträge aus. Misstrauen in der Welt bedeutete sein Geschäft, was Michael nicht unbedingt glücklicher machte, aber zahlungsfähig.

Sie sollten an der Dame dranbleiben, gab Michael Gerhard und Karoline mit auf den Weg, bevor er sich wieder um Conny am Telefon kümmerte.

„Sag mal, hast du am Wochenende schon was vor?"

Conny stutzte hörbar.

„Was willst du?"

„Meine Leute sind leider anderweitig verhindert. Hast du Lust auf ein entspanntes, ruhiges Wochenende, ohne Stress und Hektik?"

Dass er keinen Wellness-Aufenthalt plante, roch Conny sogar durchs Telefon.

„Mein Lieber, nochmal: was willst du?"

„Kannst du dir vorstellen, eine trauernde Witwe zu spielen? Ich meine, so in Schwarz und mit verheultem Gesicht?"

„Na hör mal. Geht's noch!"

Michael musste es anders anpacken. Schnell schlürfte er seinen Kaffee aus.

„Warte, ich fahr zu dir. Bist du zu Hause?"

„Was glaubst du, wohin ich mein Festnetz überall mit hinnehme, du Kasper?"

„Passt."

Er holte sein Rad aus dem Abstellraum und begab sich damit auf die gefährliche Reise durch Rosenheims freitäglichen Verkehr. Ob er sich doch mal einen Helm zulegen sollte?

In der Nähe von Connys Haus im Stadtteil Fürstatt ging es ruhiger zu. Die Wohngegend besaß dörflichen Charakter, wie es so schön hieß, was sie tatsächlich mal war, ein eigenständiges Dorf.

Conny hatte Tee im Angebot, und selbstgebackene Teigkringel.

Noch bevor Michael sich auf die Couch gesetzt hatte, maunzte Fox ihn an.

„Der hat gerade gefressen", warnte Conny, „gib ihm bloß nichts. Der platzt sonst. Außerdem soll er jetzt mal raus. Der bewegt sich ja kaum noch."

„Musst ihm halt ein Radl besorgen", riet ihr Michael. Er ließ sich auf die Couch plumpsen und klopfte sich auf den Bauch. „Schau, ich hab' bestimmt schon abgenommen, seit ich öfter in die Pedale trete."

Conny sagte lieber nichts dazu. Sprachlos schaute sie ihm zu, wie er einen fetten Brocken Butter auf den Kringel schmierte und herzhaft hineinbiss.

„Mike, jetzt komm' mal zur Sache. Wieso soll ich eine Witwe spielen? Ist es das, was ich denke?"

„Was denkst du denn?"

„Ruhiges, entspanntes Wochenende. Witwe. Da klingeln doch alle Alarmglocken bei mir. Oder sollte ich besser sagen, die Friedhofsglocken?"

„War doch gar nicht so schwer", stimmte Michael ihr erleichtert zu.

Conny rief eine Kundin an, verschob ihren Termin auf den Montag, und hörte Michael zu, was er vorhatte.

„Hast du was Schwarzes?"

„Das kleine?"

„Quatsch, weißt schon, so was, was nach Trauer aussieht."

„Klar. Und welches Grab soll ich nehmen?"

„Stell dich vor eins, das gerade erst geschlossen wurde. Oder warte ..."

Er kramte sein Handy heraus.

„Jutta? Grüß dich. Du, ich muss nochmal mit dir reden, wenn du Zeit hast –, nein, nicht gleich heute. Ich komm am Montag in dein Büro. Aber vielleicht kannst du mir sagen, ob diese oder letzte Woche jemand beerdigt wurde, der oder die entweder mindestens achtzig war, oder ein Mann um die sechzig?"

Er hielt seine Hand auf den Hörer und flüsterte zu Conny: „Elternteil oder Ehemann."

Connys Augen verrieten ihm, dass ihr plötzlich gar nicht mehr wohl in ihrer Haut war. Er fürchtete, das mit dem Elternteil erinnerte sie zu sehr an den Verlust ihrer wirklichen Eltern. Oder es bedeutete, dass ihr sein Anruf bei Jutta nicht behagte.

„Ja, Jutta? Okay, ich weiß, Datenschutz. Aber auf Grabfeld 83? Okay. Danke dir. Dann bis Montag."

Conny schnaubte aus.

„Und? Was ist?"

„Auf Grabfeld 83 soll ein neu ausgehobenes Grab mit einem Verstorbenen sein, der genau passt. Namen hat sie nicht gesagt. Aber das findest du schon."

„Und was soll ich sagen, wenn der, den du meinst, mich anspricht?"

„Geh darauf ein."

54) Die Tageszeitung

bringt die Meldung heraus, dass der Mann, der den spektakulären Mord am Friedhofsgärtner Altmann verübt haben soll, in Untersuchungshaft sitzt. Er kann es nicht fassen. Er ist gefasst!

Wenn es nicht so ernst wäre, würde er lachen. Welchen Deppen haben die da eingelocht? Das muss schon ein großer Zufall sein, dass man nicht ihn, sondern einen anderen verdächtigt. Er hat es nicht einmal darauf angelegt, von sich abzulenken oder absichtlich jemand anderem etwas in die Schuhe zu schieben. Warum auch. Es war seine Idee, sein Gefühl, das Richtige zu tun. Täglich, immer wieder muss er sich ins Gedächtnis rufen, dass es nicht falsch ist, was er tut.

Wenn sie glauben, den Richtigen zu haben, könnte er müheloses Spiel haben?

So eine Meldung kann man fälschen. Es ist sogar wahrscheinlich, dass es eine Finte ist. Selbst, wenn sie einen Verdächtigen haben, bleibt der, wie der Name schon sagt, nur verdächtig. Bewiesen ist gar nichts. Es wird sich bald herausstellen, dass sie den Falschen haben, da macht er sich nichts vor. Oder sie wissen bereits über dessen Unschuld Bescheid und legen nun diese erfundene Fährte für ihn. Den Teufel wird er tun, und darauf hereinfallen.

Jetzt wird er halt noch vorsichtiger vorgehen auf dem Friedhof, auf dem großen städtischen an der Klosterkirche jedenfalls. Immer muss er aufpassen, dass er der Verwaltung nicht auffällt. Jutta Wolf sitzt zwar meistens in ihrem Büro und kommt nur heraus, wenn Leute sich beschweren oder sie an ein Grab bitten – oder zum Feierabend nach vier. Aber ihn sehen, ihn erkennen, das darf sie trotzdem nicht. Das macht es für ihn nicht leichter. Vielleicht nimmt er sich mal einen der kirchlichen Friedhöfe vor, in den Stadtteilen Aising, Pang oder Happing. Aber nein, das hebt er sich für später auf. Es gibt noch so viel zu tun für viele arme Menschen, denen er das Gefühl geben kann, es gebe Gerechtigkeit. Außerdem muss seine Hand heilen. Er benötigt zwei gesunde Hände für seine Arbeit.

So, Zeitung beiseite. Den Schmarren mit dem armen Kerl in U-Haft konnten sie sich in die Haare schmieren. Wobei er zu seinem aktuellen Thema zurückfindet:

Haare, Haarprobe. Wo ist die Haarprobe, die die Heil-Schnepfe von Laura nahm? An welches Institut hat sie die weichen, wunderblonden Strähnen gesendet? Es kann eine Apotheke gewesen sein. Oder ein Labor, das mit der sogenannten Heilerin zusammenarbeitete.

Sie wollte es ihm einfach nicht sagen bei ihrem Treffen in Stephanskirchen. Wenigstens war sie zum Termin gekommen. Sicher drängte sie ihr schlechtes Gewissen, seinem Vorschlag zu folgen. Sie hätte Laura ja helfen können, beteuerte sie. Aber er ist davon überzeugt, dass Laura der Heil-Tussi mehr glaubte als ihrem richtigen Arzt. Das hat sie umgebracht.

Sie hätte noch mehr Zeit haben müssen, lamentierte die Stern herum, um Laura gegen ihre Beschwerden und Allergien zu helfen. Sie habe ihr niemals ausgeredet, dem Schulmediziner zu vertrauen. Wer's glaubt!

Der schönen Frau etwas anzutun hat er von Anfang an vorgehabt, obwohl es ihm ein wenig leidtat. Die Dame sah gut aus, war eigentlich genau sein Typ. Aber er nicht ihrer, das merkte er sofort. Na ja, ihr Treffen hatte schließlich keinen Date-Charakter. Es sollte nur Klarheit bringen, wo Lauras Haarprobe abgeblieben war. Aber sie weigerte sich, damit herauszurücken. Dann musste sie halt fallen, tief fallen, bis ihr schwarz vor Augen wurde. Für immer.

Er stieg ihr über den Hang hinunter nach. Auf dem offiziellen Weg. Sie war tot. Gut so. Dann holte er die Schere aus der Tasche seiner Cargo-Hose.

Unten auf der Straße fuhren ein paar Autos mit Anhängern vorbei. Die Fahrbahn dort ist so schmal, dass sie nur an Ausweichbuchten aneinander vorbeikönnen. Flaschen mit Quellwasser klapperten auf den Mini-Anhängern, Wasser, das man an der Leonhardsquelle abfüllen kann. Wahrscheinlich hat diese Sabine Stern davon einen ganzen Kasten voll in ihrer Praxis. Das Wasser soll ja Wunder wirken, wenn man es trinkt, oder gar bei Vollmond abfüllt. Wer's glaubt.

Die Praxis ist polizeilich versiegelt. Das ist ihm egal. Jetzt um drei Uhr morgens sieht ihn niemand. Das Haus ist verlassen. Wenn es eine Alarmanlage gibt, dann muss er halt laufen. Hier bietet die Stadt viele dunkle Ecken zum Verschwinden. Beim ersten Versuch spürt er seine Wunde unter dem Handschuh. Hoffentlich platzt sie nicht auf. Bloß keine Blutspur hinterlassen.

Es knirscht. Es knackt. Der Schließzylinder gibt nach. Nur noch den Hebel ansetzen — und durch.

Wo könnten hier Adressen von Laboratorien und Apotheken sein? Er reißt an verschlossenen Schubladen, leuchtet mit der Taschenlampe in Schränke. Ein Ordner sieht gut aus. Nicht alles muss man nur in digitalen Dateien abspeichern. Ausgedruckte Rechnungsbelege zum Beispiel sind vonnöten, wenn es um die Steuer geht. Oder Patienten-Daten.

Umwelt-Apotheke – Haaranalysen auf Wunsch, ein Teelöffel genügt. Bingo!

Wenn er es nicht geschafft hätte, hier einzudringen, dann wäre er nur mit einem Statement an der Praxistür wieder abgezogen. Aber warum nicht? Er holt die Minispraydose aus der Jackentasche und sprüht auf Höhe des zerrissenen Polizeisiegels: MÖRDERIN! In blutrot.

55) Der Ludwigsplatz

Wimmelte am Freitag gegen Mittag vor Menschen. Hier gab es keinen Durchgangsverkehr, und die Marktstände wurden stark frequentiert, oder anders gesagt, belagert. Die Sonne schien, das Wochenende nahte, und der Lärm einer grölenden Gruppe junger Leute veranlasste Michael, das Fenster zu schließen.

Mit einem einerseits guten Gefühl war er zum Büro zurückgeradelt. Conny würde ihre Sache auf dem Friedhof perfekt erledigen. Andererseits lief noch immer ein verrückter, zugleich raffinierter Mörder frei herum. Er musste seine Klientin Sonja über den Stand seiner Ermittlungen informieren.

Sonja Braun ging nicht ans Telefon. Beim zweiten Versuch war besetzt. Dann musste er es eben später noch einmal versuchen.

Jan John saß angeblich in U-Haft. Die Online-Zeitung hatte die Meldung vor vier Stunden ins Netz gestellt, fast gleichzeitig mit der Auslieferung der Druckausgabe. Gedruckt wurde die Zeitung in der Nacht. Die Unschuld Johns stand seit heute Morgen fest. Und als Extra-Hinweis legte die Online-Ausgabe vor einer Stunde eine aktualisierte Meldung mit ein paar unwichtigen Details über Johns Leben nach. Keine Korrektur zur Schuld Johns, kein Wort über seine Unschuld.

Michael durchschaute Kreutz' Taktik, die der Kommissar in seinem Beisein hatte anklingen lassen. Nur wenige wussten von der Unbescholtenheit des Verdächtigen John. Die polizeilichen Ermittler, eventuell ein Anwalt, Conny, er selbst und Sonja Braun.

Prompt klingelte Michaels Telefon. Sonja. Im Hintergrund hörte Michael Straßengeräusche.

„Danke für den Rückruf, Sonja. Ich wollte nur sagen, dass wir weitermachen sollten. Du weißt ja selbst, warum."

„Ich weiß, ich war gerade bei der Polizei. Die haben mich gebeten, mir den Mann in echt anzusehen, den sie in Verdacht haben. Oder besser hatten. Also der war's wirklich nicht. Aber ich habe ihnen eine Beschreibung gegeben. Die haben eine Phantomzeichnung angefertigt. Richtig gut ist die nicht geworden. Was dabei rauskam, ist so ein Allerweltsgesicht mit hellblauen Augen und Dreitagebart. Das Alter konnte ich eingrenzen, und die Größe."

Michael kniff die Lippen zusammen.

„Soll ich noch weiter ermitteln, oder ist dein Auftrag damit erledigt?"

Er hörte ein kurzes Auflachen.

„Ganz und gar nicht. Conny hat mir gerade kurz Bescheid gegeben, dass du sie einspannst. Jetzt möchtest du sicher von mir hören, wie ich den Mann bei diesem Kommissar beschrieben habe, oder?"

Dass er Jan John ständig und zu früh auf dem Schirm gehabt hatte, ärgerte Michael in diesem Moment. Sonja hatte den wirklichen, vermutlichen Täter gesehen, mit ihm sogar gesprochen.

„Kommst du zu mir ins Büro? Von der Inspektion bis zu mir ist es ja nicht weit."

„Bin eh schon in der Kaiserstraße. Drei Minuten."

Sonja behielt ihre leichte Jacke an. Wie bei ihrem ersten Besuch in seinem Büro, hielt sie ihre Handtasche auf den Knien mit beiden Händen fest. Sie wirkte nicht besonders gelöst, obwohl im Hintergrund leise, beruhigende Musik lief.

„Michael, oder darf ich, wie Conny, Mike sagen?"

„Klar."

„Also, Mike, der Mann ist etwa eins achtzig groß, dunkelblond mit normalem Haarschnitt, also keine Geheimratsecken oder so, um die vierzig Jahre alt, keinesfalls jünger, und er redet Hochdeutsch. Ein ganz leichter englischer Akzent könnte dabei sein."

„Mhm", machte Michael, der mitnotierte. „Aber da ist noch etwas, das du mir sagen willst, oder?"

„Ja. Ich mach mir Sorgen wegen Conny. Und ehrlich gesagt, auch wegen mir. Was, wenn der Kerl deinen Plan durchschaut, und Conny auf dem Friedhof was antut? Und was, wenn er mich wiedersieht? Ich traue mich ja nicht mehr ans Grab."

Daran hatte Michael ansatzweise auch gedacht, den Gedanken wegen John aber beiseite gefegt. Kreutz hatte, genau wie er, den Verdächtigen doch eingekreist. Allerdings hatte Michael bei Kreutz ganz bewusst ausgelassen, dass Sonja erwähnt hatte, der Fremde habe sie außer seiner Frage nach Schuld, mit seinem Wissen über den geheimnisvollen Ring der Familie Braun konfrontiert. Ob es Sonja recht gewesen wäre, wenn er diese Tatsache Kreutz auf die Nase gebunden hätte, bezweifelte er. Schließlich war das so eine Familiensache, die er ohne ihre Zustimmung nicht weitergeben wollte.

„Sonja, der hat dir doch etwas über diesen Ring erzählt, von dem er wusste. Er muss also deinen Mann gekannt haben. Kann es ein Arbeitskollege gewesen sein?"

Sonja machte „hm". Sie überlegte lange, während die Entspannungs-Musik lauter klang, als sie in Wirklichkeit war. Durch das geschlossene Fenster drangen gedämpft die Marktgeräusche herauf.

„Das kann sein. Hans kannte freilich viele Leute. Wir sind ja in Rosenheim von klein auf in d' Schul' gangen, ich hab' dann im Einzelhandel gelernt, und der Hans war beim Elektrokonzern Katzer tätig. Den Gründer und Chef hat der Hans selbst gekannt. Aber ich kann mich nicht erinnern, dass das einer seiner Kollegen war, der mich angeredet hat. Ich war ja auf so mancher Betriebsfeier oder bei Jubiläen mit eingeladen. Vielleicht hat ein anderer unserer großen Verwandtschaft mal was von dem Ring weitererzählt. Keine Ahnung."

„Ja, und woher konnte er von dem Ring wissen? Das war doch sein Aufhänger, um dein Interesse zu wecken."

„Ich bin aber nicht darauf eingegangen."

Michael sah sie durchdringend an. Vielleicht gab es ja außer Connys Friedhofseinsatz eine weitere Möglichkeit, an den unbekannten Mann heranzukommen.

„Hast du vorhin der Polizei erzählt, dass der Kerl etwas über euren Ring wusste?"

Sonja schüttelte den Kopf.

„Nein. Es ging diesem Kommissar Kreutz nur um den Streit mit dem Fremden und dem Gärtner, und um das Aussehen von dem Mann. Außerdem fand ich es nicht so wichtig — nein, eher peinlich. Die hätten doch sonst meine ganze Verwandtschaft abgefragt, und ich möchte nicht, dass die mit hineingezogen werden. Ich habe schon genug losgetreten. Nicht dass du mich falsch verstehst, weil ich zu dir gekommen bin. Ich wollte ja gerade nicht zur Polizei, nachdem die mich zuerst nicht ernst genommen haben."

Michael nickte bedächtig. Er musste schonend vorgehen.

„Die Polizei weiß also nichts von dem Ring?"

Sonja schüttelte den Kopf.

„Sollen wir eine Anzeige in der Zeitung schalten, dass du den Ring seiner, also von Hans' Urgroßmutter suchst?" Sonja wand sich.

„Ich weiß nicht."

Aber Michaels Entschluss stand fest. Das war die beste Chance, den Knaben aus der Deckung zu locken. Er hoffte nur, dass seine Zielperson Zeitungslektüre mochte.

56) Nachbarn

Hatten sofort die Polizei verständigt, nachdem sie den roten Schriftzug an der Praxis von Sabine Stern entdeckt hatten. Die Einbruchspuren redeten eine deutliche Sprache.

Kreutz und Sandra Thaler wären am Nachmittag zwar sowieso zur Praxis und Wohnung der Alternativmedizinerin gefahren. Irgendwohin musste sie die Haarprobe von Laura John zur Analyse ja geschickt haben. Mit dem Einbruch und dem Sprayer-Anschlag bekam dieser Ermittlungsansatz eine Brisanz, fand Kreutz, die Kriminalrat Pullmann endlich zum Handeln bewegen musste. Die Fälle erforderten einfach mehr Personal. Kohlbeck war zum Totalausfall mutiert, und die junge Anwärterin war zwar ehrgeizig, konnte und durfte aber nicht selbstständig ermitteln.

Die Tatortgruppe der Kriminaltechnik hatte schnell herausgefunden, dass aus einem Ordner eine Seite fehlte. Ein Papierrest hing am Ordnerbügel.

„Wieso haben Sie die Schrankinhalte nicht bei der ersten Beweissicherung mitgenommen?", erkundigte sich Kreutz bei Karlo Özogun von der Kriminaltechnik.

Der Mann im weißen Schutzanzug lugte unter der Kapuze hervor.

„Weil Sie sagten, wir sollen sie hierlassen? Weil das nicht der Tatort sei?"

Kreutz erinnerte sich.

„Ja. Entschuldigung. Passt." Er schüttelte den Kopf, als wollte er seinen kleinen Fehler loswerden. „Könnte die Tatperson, die hier eingebrochen ist, etwas aus diesem Ordner entfernt haben?"

Özogun nickte.

„Sieht so aus. Aber aus dem restlichen Inhalt und dem Rückentitel des Ordners ist zu entnehmen, dass es sich um Adressen von Herstellern für Homöopathie-Artikel, Apotheken und Labors handelt."

„Warum bricht man hier ein und stiehlt ein Adressblatt? Das ist doch völlig verrückt."

Bis jetzt hatte Sandra Thaler stumm zugehört und mit ihrem Tablett Fotos der Einbruchspuren an der Tür und in der Praxis geschossen. Sie erinnerte sich an die Aufzeichnung der Vernehmung Jan Johns und half ihrem Chef auf die Sprünge.

„Wenn, wie der Herr John bei seiner Vernehmung gesagt hat, eine Haarprobe von Laura John an ein Labor oder so geschickt wurde, dann hat der Einbrecher vielleicht das gleiche Interesse wie wir. Er will wissen, wohin die Probe gesandt wurde. Ich meine, weil er doch den anderen immer Haare entfernt."

„Natürlich ist der Einbrecher unser Mann", gab Kreutz mit einem unfeinen Grunzer von sich. „Man muss sich nur das hässliche Graffiti an der Tür ansehen. Wenn wir eins und eins zusammenzählen, dann fehlt ihm ein Andenken an diese Laura. Es gibt ja nur die Asche in der Urne. Aber Haare könnten noch irgendwo in so einem Labor vorhanden sein. Checken Sie mal, wer solche Haaranalysen durchführt, Sandra."

„Ja, mache ich. Der Täter ist uns also glatt zuvorgekommen und hat jetzt die Adresse."

„Ja, ganz toll", höhnte Kreutz, „dann beeilen Sie sich mal. Kann ja nicht so schwer sein, verdammt."

57) GRABFELD 83

BEFAND SICH AM NÖRDLICHEN ENDE DES FRIEDHOFS. CONNY HATTE SICH AN diesem Samstagmorgen ein dunkelgraues Kleid angezogen, dazu einen schwarzen Blazer. Hinter einer großen Sonnenbrille verbarg sie ihre Augen, die freilich nicht verweint aussahen. In ihrer Handtasche hatte sie Pfefferspray griffbereit, in der Hoffnung, es nicht zu brauchen.

Auf dem Weg zu dem Grab, an dem sie sich postieren sollte, kam sie an sieben Urnenwänden vorbei, deren Nischen mit vielerlei Blumen geschmückt waren. Unglaublich viele Menschen, immer mehr, ließen sich kremieren.

Sie bog rechts ab. Ob das Zufall war, oder Schicksal, oder einfach ein unbewusstes Hinsehen? Laura Johns Urnengrab war ein kleines, quadratisches Erdgrab in einem von Hecken umgebenen Grabfeld. Conny hätte ebenso eine Abzweigung früher, oder die nächste nehmen können. Aber nein, ausgerechnet heute, an diesem Samstag, an dem sie einem Mann begegnen sollte, der etwas mit Laura John zu tun hatte, stolperte sie an deren Grab. Natürlich hatte Conny Linden die Gabe, Dinge zu sehen, feinfühlig zu erspüren, was vielen anderen entging. Nein, als hellsichtig bezeichnete sie sich nicht, obwohl sie ihre Kunden oft in diesem Glauben ließ. Sie reagierte eben unglaublich sensibel auf Signale von Menschen, die ihre Hilfe als Coach suchten. Aber was hatte es mit Feinsinn zu tun, wenn sie nie zuvor am Grab von Laura John gewesen war, und nun, heute, genau dort innehielt und sich Gedanken über die junge Frau machte? Conny hatte sie nie kennengelernt, nie gesehen. Nur Lauras Namen kannte Conny von Michael, nicht ihr Gesicht, ihre Stimme, ihr Wesen. Und doch hatte sie bei jeder Erwähnung ihres Namens ein Bild der jungen Frau vor Augen gehabt, das dem auf ihrem winzigen Grabstein erstaunlich ähnelte.

Michael, Mike, wusste gewiss mehr über sie und ihren Mann, der nach Lauras Tod zusehends zusammenbrach und verwahrloste. Wie konnte, wie durfte es sein, dass so eine junge Liebe plötzlich zerstört wurde durch einen blöden Zufall? Oder durch eine Verkettung unglücklicher Umstände? Mit einem Mal kam in Conny so etwas wie Verständnis für den Mann auf, der einen Verantwortlichen oder eine Schuldige dafür suchte. Mitgefühl für einen Mörder? Conny straffte ihren Körper. Reiß dich am Riemen, sagte sie sich und warf einen letzten Blick auf das Bild von Laura. Ein hübsches, helles Gesicht mit rosigen Wangen, großen braunen Augen und elegantem, in unterschiedlichen Blondtönen wallendem Haar. War ihr Mund auf dem Foto im ovalen Rahmen von Anfang an leicht geöffnet gewesen? Conny hatte nicht darauf geachtet. Bewegten sich Lauras Lippen? Der Eindruck musste von den Schatten der im leichten Wind schwingenden Zweige der Trauerweide dahinter stammen. Sie veränderten das Licht, das auf das Bild fiel und ließen es dadurch lebendig werden.

Conny schluckte und wandte sich ab. Sie hatte eine Aufgabe zu erfüllen. Einen letzten Blick wagte sie noch, wie zum Abschied. Lauras Mund war geschlossen.

Paul Nikolaus Kalendar, ∗ 1935, †2020. Das musste das Grab sein, von dem Michael gesprochen hatte. Kränze und Gestecke mit faulenden Blumen lagen auf dem Grab. Der Name stand auf einer kleinen Tafel an einem Holzkreuz, das man vor dem Grabstein in die Erde gesteckt hatte. Auf dem Stein waren nur die Namen von bereits 1981 und 1990 Verstorbenen eingraviert, wohl die der Eltern dieses Herrn Kalendar. So wie das Grab sich präsentierte, war seit der Beerdigung niemand mehr hier. Zumindest entdeckte Conny keine frischen Blumen in einer Vase, was sie erwartet hätte. Nach der Beerdigung ihrer Eltern war sie jeden Tag ans Grab gekommen und hatte jeden zweiten Tag etwas mitgebracht, Blumen, kleine Erinnerungsstücke, die sie vor dem Grabstein oder auf dessen Sockel platziert hatte. Spielsteine eines Mühlespiels, mit denen sie ihren Vater immer zur vorgetäuschten Weißglut gebracht hatte, weil sie darin so gut gewesen war. Oder er sie hatte gewinnen lassen. Einen Puppenschal, den ihre Mutter genauso bunt gestrickt hatte wie Connys eigenen mit fünf Jahren. So etwas eben. Aber hier war nichts. Beerdigt und vergessen? Conny musste darüber den Kopf geschüttelt haben, den plötzlich sagte eine Stimme hinter ihr: „Ich weiß, ich bin noch nicht dazu gekommen."

58) Das Bewegungsprofil

des Handys von Pauline Kalendar konnte über den Netzbetreiber nachvollzogen werden. Sandra Thaler bestätigte Kreutz gegenüber, Frau Kalendar sei zum Tatzeitpunkt in Paris gewesen. Damit, und mit der männlichen DNA, die vom Blut an den Zähnen des Opfers festgestellt worden war, schied eine weitere Person eindeutig als Verdächtige aus.

„Haben wir inzwischen alle Daten der Angehörigen von Laura John?", erkundigte sich Kreutz bei seiner Kommissar-Anwärterin. „Ich meine, außer von ihrem durchgeknallten Mann Jan und dessen Anhang."

Sandra Thaler prustete leise vor sich hin. Puh. Die Verwandtschaftsverhältnisse aller Opfer und bis dato Verdachtspersonen hatte sie akribisch recherchiert, Meldeämter abgefragt, Netzwerkprofile gecheckt und Einträge mit deren Namen gegoogelt.

„Bei Laura John", antwortete Sandra ihrem direkten Vorgesetzten, „ist das so: die Eltern sind mit denen von Jan John verkracht. Ihre Mutter ist erst einundvierzig, hat Laura also sehr früh mit achtzehn bekommen, arbeitet halbtags bei der Stadtverwaltung. Der Vater ist ihr Stiefvater, denn der leibliche Vater hat sich damals aus dem Staub gemacht —Is Your Writer's Block Really Writer's Indecision? Entschuldigung, hat sich den väterlichen Pflichten entzogen und Unterhaltsleistungen verweigert. Die letzten Erkenntnisse über seine Aufenthaltsorte lauten in chronologischer Reihenfolge Rosenheim, München, Hamburg, Wellington."

„Na, jetzt schlägt's aber mehr als dreizehn. Wellington, Neuseeland?"

Sandra runzelte die Stirn und atmete durch.

„Natürlich. Und dann ist da noch ein Stiefbruder, der ist erst dreizehn, also ..."

„Nicht ganz auszuschließen, aber eher unwahrscheinlich, dass er mit dem Tod der Opfer zu tun hat. Sehr gut, Sandra. Und wie weit sind Sie mit der Suche nach einem Institut für Haaranalysen?"

Sandra klickte mit der Maus auf dem großen PC-Monitor herum, was ihr sichtlich schwerer fiel, als das Wischen auf ihrem Tablet.

„Vier Institute, beziehungsweise Firmen hier im Umkreis kommen dafür in Frage. Sie sagten doch, dass es wahrscheinlich welche sind, die nicht außerhalb des Landkreises liegen oder höchstens in Oberbayern arbeiten. Die nächstliegende ist eine sogenannte Umwelt-Apotheke in Bad Aibling. Von denen und von den anderen habe ich aber noch keine Rückmeldung auf unsere Anfrage."

„Dann haken Sie da nochmal nach. Die sollen sich beeilen. Und fragen Sie, ob außer uns noch jemand nach der Haarprobe von der John gefragt hat."

Sandra nickte. Ihr machte die Arbeit immer mehr Spaß. Besonders nach dem höchst seltenen Lob von Kreutz.

Völlig unerwartet platzte Kriminalrat Pullmann ins Büro. In letzter Zeit ließ er sich auffällig oft blicken, fand Sandra.

„Na", begann Pullman und verschränkte die Arme, „wie weit sind wir denn?"

Kreutz wurde sichtlich heiß.

„Wir sind mitten drin, den Fall der Heilpraktikerin aufzuklären", log er. Aufgeklärt war dabei fast nichts, aber: „Mit dem Einbruch bei Frau Stern hat sich der Täter keinen Gefallen getan. Erstens wissen wir jetzt, dass er die Morde und das Entfernen der Haare irgendwie mit der verstorbenen Laura John verbindet. Zweitens hat er Spuren hinterlassen, Hautschuppen, die jetzt gerade untersucht werden. Vielleicht stimmen sie mit der DNA der Blutspur von Marion Sistic überein. Der Hinweis an der Praxistür in roter Farbe, Mörderin, passt ins Täterprofil. Mit dem Schriftzug beschuldigt er Frau Stern, jemanden getötet zu haben. Damit meint er wahrscheinlich, dass sie am Tod von Laura John schuld ist."

„Aha. Gut." Pullmann legte den Finger an die Nase. „Gibt es konkrete Hinweise auf Verdächtige?"

Sandra hob die Hand.

„Darf ich?"

„Legen Sie los."

„Den Mann von Laura John haben wir ja schon ausgeschlossen. Pauline Kalendar, die Frau Dr. Sistic im Klinikum anging, kann ebenfalls nichts damit zu tun haben. Außer den Verwandten und soweit bekannt Freunden der Opfer, die fast alle ein Alibi haben oder nicht fähig wären, die Taten begangen zu haben, gibt es da etwas, was wir bisher nicht wussten."

„Ja …", wollte Kreutz eingreifen. Doch Pullmann ließ ihn nicht ausreden.

„Danke, Kommissar. Frau Thaler macht das sehr gut."

Kreutz versuchte sichtlich, nicht eingeschnappt zu wirken, setzte sich aber mit zusammengekniffenen Lippen an seinen Schreibtisch.

„Also", redete Sandra weiter und sah vom Monitor zu Pullmann und wieder zurück, „Laura John ist laut Standesamt geboren als Laura Fuchs. Das hat mich stutzig gemacht, denn ihre Eltern heißen ja beide Stromeier. Frau Stromeier, Nadine, war sehr nett, jedoch immer noch tief betroffen vom Tod ihrer Tochter. Sie hat mir erklärt, dass Lauras leiblicher Vater Fuchs hieß, und dieser Name zunächst in Lauras Geburtsurkunde eingetragen wurde. Weil dieser Fuchs aber nichts mehr mit ihnen zu tun haben wollte, beantragte die Mutter eine Namensänderung für die Tochter auf ihren eigenen Mädchennamen. Der lautete damals noch Schwarzmann, solange, bis sie Herrn Stromeier heiratete, der Laura adoptierte und liebevoll großzog."

Pullmann überlegte.

„Bei einer Namensänderung braucht man doch das Einverständnis des Vaters, Frau Thaler."

„Genau. Nur war der jahrelang nicht aufzufinden, und deshalb, aus einem besonders begründeten Antrag, wurde der Änderung auch ohne sein Einverständnis stattgegeben. Laura selbst war damals noch keine fünf Jahre alt, weswegen es ihrer Zustimmung zur Änderung nicht bedurfte. Mit der späteren Adoption kam dann ihr dritter Name hinzu, der ihres Stiefvaters, Stromeier."

Über Pullmanns bulliges Gesicht huschte ein Lächeln.

„Und mit der Heirat mit Jan John der vierte. Na gute Nacht, ganz schön viele Namen für eine -, wie alt war diese Laura nochmal?"

„Zweiundzwanzig, Herr Kriminalrat."

„Und was ist nun mit diesem Fuchs?"

Kreutz erhob sich wieder aus seinem Chefsessel: „Na, Sandra, nun sagen Sie dem Herrn Kriminalrat, was Sie vorhin herausgefunden und mir erklärt haben."

Sandra schoss kurz durch den Kopf, dass Kreutz diesen Chef-Einwurf für sein Ego wohl nötig hatte und verriet Pullmann: „Der war ziemlich viel unterwegs. Von Rosenheim nach München, dann war er in Hamburg gemeldet. Jedes Mal, wenn ihn die Behörden wegen ausbleibender Unterhaltszahlungen ausfindig gemacht haben, ist er wieder abgehauen, also hat sich dem Zugriff entzogen. Die letzte Spur führt nach Neuseeland, Wellington genau. Aber so weit bin ich noch nicht gekommen, ich meine, nicht geografisch, sondern wegen der Recherche." Sie lächelte den letzten Satz mutig weg.

Sandras dezente Verlegenheit registrierte Pullman eher weniger: „Ist das wirklich der Letzte derer, die in diesen Tötungsdelikten noch nicht vernommen wurden?"

Mit geschickten Fingern ließ Sandra die Liste aller persönlich befragten, angerufenen und ausfindig gemachten Personen herunterscrollen. Alle, außer Alexander Fuchs, besaßen ein Häkchen hinter ihren Daten.

„Ja", bestätigte Sandra, „der ist noch ein weißer Fleck. Vielleicht gibt es Fotos von Fuchs? Oder soll ich Lauras Mutter fragen, ob sie uns eine Beschreibung geben kann? Ich meine, sie muss ja schließlich am besten wissen, wie der aussieht."

Mit den Gedanken offenbar woanders, antwortete Pullmann: „Tun Sie das. Aber was anderes – braucht im Moment jemand das Festnetz?"

Die Telefonanlagen in den Dienststellen wurden nach einem Störfall des Anbieters gewartet und standen noch nicht vollständig zur Verfügung. Sandra zeigte ihm demonstrativ ihr Diensthandy. Kohlbeck hatte sich einen Tag Urlaub genommen, angeblich, um eine familiäre Angelegenheit zu klären. Kreutz hatte sich in der personell prekären Lage seiner Abteilung besonders erfreut darüber gezeigt, ihm aber trotzdem den Antrag genehmigt. Eine große Hilfe war er im Moment sowieso nicht.

Pullman griff mit seinen Pranken nach dem Hörer, lächelte, weil er trotz der Wartungsarbeiten ein Freizeichen hörte, und wählte die Vorwahl +64-4, NZL, Wellington.

59) *Mit Conny*

Wäre es beinahe zu Ende gegangen. Aus ihren Gedanken gerissen zuckte sie zusammen und fuhr herum. Die Frau war einen Kopf größer als sie und schaute Conny mit finsteren Augen an.

„Kannten Sie meinen Vater?"

Conny sammelte ihren Verstand zusammen. War das die Tochter von Paul Kalendar?

Von irgendwoher kamen ihr die Worte über die Lippen: „Nicht direkt, ich kam hier vorbei und dachte ..."

„..., dass das Grab ganz schön schlampig aussieht, oder?"

Ertappt! Conny verneinte. „Ich habe nur die Kranzschleifen angesehen. Den Verein da kenne ich. Auch mein Vater war bei den Sorgen-los-Brüdern."

„Dem Verein, der vernachlässigte Kinder in prekären Familienverhältnissen hilft?"

„Ja. Aber mein Vater ist leider schon tot. Meine Mutter ebenso. Ein Unfall."

Die Frau gab ihren strengen Blick auf und reichte Conny die Hand.

„Ich bin Pauline Kalendar, die Tochter."

In irrwitziger Weise ging Conny nicht verheiratet durch den Kopf. Die Frau trug bis heute den Namen ihres Vaters.

„Cornelia Linden, Conny", glich sie aus.

„Wissen Sie, ich komme gerade aus Paris zurück. Ich wollte noch länger bleiben, Abstand nehmen, aber alleine macht das keinen Spaß, und die Franzosen da drüben streiken und demonstrieren in einer Tour wegen allem Möglichen."

Conny stimmte verständnisvoll zu.

„Ja, hört man immer wieder." Das sah jetzt ganz schön blöd aus, fürchtete sie. Ihre Mission im Auftrag von Mike konnte sie vergessen. Zumindest an diesem Grab. Ob sie ihre Aufgabe an dem ihrer Eltern fortsetzen sollte. Das wäre zwar authentisch, aber sie empfände es als ganz und gar nicht richtig. Als würde sie ihre verstorbenen Eltern für eine von Mikes Ermittlungen missbrauchen.

Die beiden Frauen starrten stumm auf das Grab.

„An was ist Ihr Vater denn gestorben?", fragte Conny aus Verlegenheit.

Pauline strich eine lockige Haarsträhne hinter ihr Ohr, ohne den Blick vom Grab abzuwenden.

„Er war 85, aber eigentlich noch ganz gut beieinander. G'sund. Ein bisserl schlecht gehört hat er, aber seine Zeitung hat er jeden Tag gelesen, und dann ist er oft mit seinen Vereinskameraden in ein Café in der Stadt gegangen. Zweimal im Jahr haben sie einen Ausflug gemacht, mal nach Südtirol oder in die Schweiz für ein paar Tage. Seit die Mama im Heim ist, besuchte er sie regelmäßig, obwohl sie ihn oft nicht mehr erkannt hat. Vor ein paar Wochen hat er Schwierigkeiten mit dem Darm bekommen. Die Ärzte haben Darmkrebs diagnostiziert. In dem Alter wächst der nimmer so schnell, also hätten sie ihn nicht gleich operieren müssen. Und dabei ..." Pauline schluchzte auf. „Während der Operation ist er gestorben, und jetzt liegt er einfach zu früh hier bei meinen Großeltern. Ich glaube, die Narkose war zu viel für ihn. Diese Ärztin, die dafür verantwortlich ist, der kann man angeblich keinen Vorwurf machen. Aber ich glaube, dass sie am Tod meines Vaters schuld ist."

Conny lief es kalt über den Rücken.

„Wie heißt denn die Ärztin?"

„Sistic", antwortete Pauline wie aus der Pistole geschossen, und genauso sprach sie den Namen aus. „Marion Sistic."

60) MICHAELS TELEFON

GLÜHTE GEFÜHLT. ER WECHSELTE DAS OHR. CONNY WAR SEIT ÜBER EINER STUNDE auf dem Friedhof. Sein Handy lag griffbereit auf seinem Schreibtisch, und am Festnetz redete sich Berti einen Wolf wie schon ewig nicht mehr.

Wegen ihrer Eigenschaft als sehr alte Rosenheimerin hatte er sie gefragt, ob sie irgendwann einmal etwas von der Familie Braun gehört habe, und wenn ja, ob sie bei denen von einer Art Familiengeheimnis um einen wertvollen Ring wüsste.

Berti hatte nicht lange überlegen müssen.

„Mei, der Johann, also der Vater von dem Hans, der wo die Sonja geheiratet hat, gell. Ja, den hab' ich freilich kennt. Das war ein Fescher, mein Lieber, so wie die ganze Familie lauter schöne Leut sind. Auch die Sonja, die wo schon als junges Madl, lang bevor sie den Braun Hans g'heiratet hat, mit dem Hans zusammen war, als würd' sie zur Familie gehören. Wir haben immer Sonnerl g'sagt, weil sie so ein liebes Dingerl war, schaut ja immer noch adrett aus. Ich hab' sie vor ein paar Wochen auf 'm Friedhof troffen. Ja, die G'schicht mit dem Ring geistert immer mal wieder bei denen herum. Mir hat die Maria zu ihren Lebzeiten mal g'sagt, dass der Ring heute -zigtausend Euro wert wär."

Beim letzten Satz wurde Michael hellhörig.

„Meinst du, wenn jemand hier in Rosenheim den Ring tatsächlich hätte, egal wie das Ding von diesem Kloster in Udine nach Rosenheim kam, dass er den verkaufen würde?"

„Mei, schon. Bloß, wenn jemand das will, wenn er den Ring mit dem Stein wirklich hat, dann hätt er ihn doch schon längst zu Geld machen können."

„Stimmt auch wieder", gab ihr Michael recht. „Aber wenn der, oder die, noch dazu die ganze Geschichte des Rings kennen würde, würde er dann nicht Kontakt zur Familie aufnehmen? Ich meine, für die Brauns ist der Ring doch viel kostbarer als allein der Marktwert."

Berti stimmte ihm zu.

„Freilich. So, wie ich die alten Brauns kennt hab', könnt' der Geldwert sie gar net interessiert haben. Schlecht ist es denen nie gegangen — mei, aber allerweil guat auch net."

Michaels Entschluss, die Zeitungsanzeige mit der Suche nach dem Ring zu schalten, festigte sich. Vielleicht war der unbekannte Mann, der Kontakt zu Sonja gesucht hatte, ja wirklich in dessen Besitz, warum, wie und woher auch immer.

61) Eine Wolke

Schob sich vor die Sonne. Über den Friedhof legte sich ein grauer Schatten. Wusste Pauline Kalendar nichts vom Tod der Ärztin? Conny biss sich auf die Lippen. Dann fragte sie doch: „Wann sind Sie denn aus Paris zurückgekommen?"

„Na, gestern spätabends. Der Zug hatte Verspätung, aber das rechnet man ja schon mit ein. Wieso?"

„Dann haben Sie nichts vom Tod dieser Frau Sistic gehört?"

„Wie bitte? Die ist tot? Wie ..."

„Vermutlich ermordet." Conny holte ihr Handy aus der Handtasche. „Hier, das ist der Artikel dazu im Stadtnews24-Portal." Sie hielt Pauline das Display vor die Nase.

Die Frau mit den gekräuselten Haaren machte auf Conny nicht den Eindruck, als hätte sie doch davon gewusst. Stumm und mit zusammengekniffenen Augen las sie die kleinen Buchstaben der Meldung. Röte schoss dabei in ihr Gesicht. Ihr Blutdruck schien schlagartig in ungeahnten Höhen sein Unwesen zu treiben. Ihr Kopf zuckte nach links, nach rechts.

„Oh Gott!" Conny steckte ihr Handy wieder zurück.

„Ist Ihnen nicht gut?"

„Doch, doch das geht schon." Pauline atmete tief durch. Der Wolkenschatten wanderte vorüber und die Sonne sendete erneut ihre Strahlen über den blühenden Friedhof. „Es ist nicht so, dass ich jetzt entsetzlich traurig darüber wäre. Aber das ..." Sie wankte, als würden ihre Beine den Dienst versagen.

„Wollen wir uns setzen?", schlug Conny vor. Ein paar Meter vom Grab entfernt stand eine Parkbank.

Pauline nickte. Beide Frauen stellten ihre Handtaschen neben sich auf die Sitzfläche der Bank.

In Conny war auf dem kurzen Weg zur Bank eine furchtbare Ahnung gewachsen. Und sie fühlte sich auf unerklärliche Weise beobachtet.

„Geht's wieder?"

„Ja, danke. Also, es ist so, dass mich ein Mann hier am Grab angesprochen hat. Zuerst hat er mir sein Beileid bekundet, dann habe ich ihn gefragt, ob er meinen Vater kannte. Darauf gab er mir zwar keine Antwort, aber er fragte, ob ich wisse, wer die Schuld hat an seinem Tod?"

Conny schluckte trocken. Sie machte nur „mhm".

Pauline schaute sie ernst von der Seite an.

„Kennen Sie den?"

„Nein", sagte Conny mit rauer Stimme. „Aber erzählen Sie doch weiter, bitte."

„Gut. Ja, ich habe eine ziemliche Wut auf diese Ärztin gehabt, und da habe ich, glaube ich, ein wenig überfordert mit der Situation, eine Dummheit gemacht. Vor zwei Wochen, nachdem ich die Nachricht vom Tod meines Vaters erhalten habe, da bin ich ins Klinikum und habe versucht, sie zur Rede zu stellen. Ich weiß, ich habe mich ziemlich ungebührlich aufgeführt. Aber währenddessen bekam ich einen Anruf von der Leiterin des Heims, wo meine Mutter untergebracht ist. Ich hab' mich wieder einigermaßen beruhigt, ehrlich gesagt im Nachhinein: Gott sei Dank. Anschließend bin ich hierher zum Grab, und da war dann dieser Mann. Irgendwie war ich noch immer aufgewühlt, und meine Wut musste raus. Da hab' ich ihm gesagt, dass tatsächlich jemand schuld sei, eben diese Anästhesie-Ärztin. Scheiße."

Conny räusperte sich.

„Und jetzt glauben Sie, dieser Mann könnte die Ärztin auf dem Gewissen haben?"

„Ist doch komisch, oder? Wieso fragt der mich, wer schuld ist am Tod meines Vaters, ich sage ihm eindeutig, was ich denke, und dann passiert so was. Also nein, das ist doch Wahnsinn."

Ein wahres Wort, dachte Conny.

„Sie müssen zur Polizei gehen", schlug sie Pauline vor. Sollte sie mehr verraten?

Pauline schüttelte den Kopf.

„Die könnten doch glauben, ich war das. Nach meinem blöden Auftritt im Krankenhaus."

„Aber nein, sehen Sie den Zeitpunkt des Mordes? Da waren Sie doch in Paris."

62) Außergewöhnlich

War die Anwesenheit des Kriminalrats in seiner Abteilung am Samstagvormittag. Normalerweise verabschiedete er sich am Freitagmittag und ließ, als wöchentlich wiederkehrendes Ritual, alle wissen, er sei übers Wochenende jederzeit telefonisch erreichbar. Natürlich nur in dringenden Fällen.

Wenn es nicht jetzt im Stall des Fachdezernats Mord brannte, wann sonst hätte Pullmann Anlass gehabt, sich hier zu zeigen?

Kreutz postierte sich neben Sandra an ihren Arbeitsplatz und wartete mit ihr zusammen gespannt auf Pullmanns Telefongespräch. Nach seinem Anruf in Wellington dauerte es gefühlt eine Ewigkeit, bis das Klingelzeichen für Anklopfen ertönte. Pullmann deutete Kreutz stumm an, er solle an der Festnetzstation auf laut stellen.

„Obermeier." Es knackte. Der Name kam extrem leise an.

„Raimund", plärrte Pullmann in den Hörer, „ich bin's, Heinz. Kannst du etwas lauter reden?"

Leise kam zurück: „Wer ist da?"

„Heinz, Heinz Pullmann, dein Ex-Vorgesetzter!"

„Ah ja, verstehe. Ich wollt gerade ins Pub, allmächt. Was gibt's?"

Dass es in Wellington jetzt bereits 20.00 Uhr war, und nicht zehn Uhr vormittags wie in Rosenheim, hatte Pullmann ignoriert. Er legte den Hörer hin und beugte sich über die Festnetzstation, aus der Obermeiers Stimme quäkte.

Pullmann redete extrem laut.

„Raimund, entschuldige, aber ich habe vergessen, dass Rentner und Pensionisten auch noch ein wenig Spaß haben wollen."

Seit wann hat der Humor, flüsterte Kreutz halb zu sich, halb zu Sandra. Sie lauschte, was Obermeier antwortete.

„Heinz? Du hast doch erst gestern angerufen. Willst du auch nach Neuseeland auswandern. Mein Sohn hier freut sich über jeden, der auf seiner Farm mithilft, haha."

Obermeiers Sohn hatte einen Schafbetrieb auf dem Land außerhalb von Wellington, zu weit draußen, fand der pensionierte Hauptkommissar, weshalb er selbst eine kleine Wohnung in Wellington bewohnte und die Familie seines Sohnes jede Woche für zwei Tage besuchte. Irgendwann wollte er ganz zu ihm ziehen, hatte er sich vorgenommen. Aber erst, wenn er sich keinen guten neuseeländischen Tropfen in seiner neuen Stammkneipe mehr leisten konnte.

Pullman wusste das.

„Du hilfst dort ja bestimmt fleißig mit, von deiner Stamm-Bar in Wellington aus, oder? Aber hör mal, wir haben hier diesen Fall, von dem ich dir erzählt habe."

Obermeier war nun besser zu verstehen.

„Genau, hast du den Warthens dazu geholt?"

Kreutz verzog schmerzhaft sein Gesicht, und Pullmann antwortete: „Ja, war ganz aufschlussreich. Aber nun hat sich bei den Fällen, es sind ja mehrere, etwas ergeben, wobei du uns eventuell behilflich sein kannst. Ich könnte natürlich mit den Behörden in Neuseeland telefonieren – mach ich dann sicher noch. Aber du vor Ort könntest uns einen Riesengefallen tun!"

„Allmächt, schieß los."

„Es geht um eine Person, die sich bis vor etwa achtzehn, neunzehn Jahren ständig den deutschen Behörden entzogen hat. Unterhaltszahlungen, so etwas. Die Person könnte für unsere aktuellen Fälle hier relevant sein. Es handelt sich um den leiblichen Vater der weiblichen Person, deren vermutlich unnatürlicher Tod das Motiv für die Folgemorde sein könnte. Das letzte Lebenszeichen dieses Mannes stammt aus Wellington, wo er um 2002 eingereist sein muss. Ob von Deutschland oder einem anderen Land aus, ist nicht bekannt. Normalerweise waren die Flughafenbehörden nach den Anschlägen vom 9. September des Vorjahres zu der Zeit besonders aufmerksam und vorsichtig bei den Pass- und Sicherheitskontrollen, wie du weißt. Deshalb könnte der Mann bei den Einreisekontrollen registriert worden sein. Der war sogar vermutlich aus Hamburg gekommen, wo man den einen oder anderen Attentäter der Anschläge vermutete. Unser Mann könnte natürlich auch illegal mit einem Kreuzfahrt- oder Frachtschiff bei euch da unten eingereist sein."

Obermeier, am anderen Ende der Welt und der Telefonleitung, unterbrach Pullmann scharf.

„Heinz, ich arbeite nicht mehr bei deinem Verein. Ich bin Privatier, Pensionist, und überhaupt nur hier, weil mein einziger Sohn hier lebt. Ich hatte und habe keinen Kontakt zu den Polizeidienststellen hier in Wellington, oder im Norden in Auckland, oder auf der Südinsel in Christchurch von mir aus."

Kriminalrat Pullmann ignorierte den Einwurf seines früheren Hauptkommissars. Er lugte angestrengt auf Sandras Monitor.

„Warte, hast du was zum Schreiben? Ich gebe dir die Personalien durch: Alexander Fuchs, geboren am 10. Juni 1979 in Rosenheim, mit unbekanntem Verkehrsmittel eingereist in Neuseeland vermutlich zwischen September 2001 und Dezember 2002. Letzter Aufenthaltsnachweis in Deutschland am 8. September 2001. Aufenthalt dazwischen unbekannt. Visum für Neuseeland wurde von ihm nicht beantragt." Aus der Freisprechstation kam lautes Aufstöhnen.

„Schick mir die Daten doch aufs Handy. Ich maile euch an die Dienststelle meine Adresse. Dann schau ich mal, was sich machen lässt. Englisch, und sogar ein wenig Maori, kann ich mittlerweile Dank meiner neuen Freunde ganz gut. Mann, Heinz, das dauert aber eine Weile, bis ich was weiß. Und ich weiß nicht genau, ob man mir als Einwanderer immer gerne entgegenkommt."

„Das schaffst du schon. Du kennst ja die Wege. Vergiss die Zeitungsarchive nicht. Vielleicht ist ja was dabei, was auf illegale deutsche Einwanderer um diese Zeit hinweist."

„Ich schau mal, was sich machen lässt. Schönen Abend."

In Neuseeland, sogar auf der Nordinsel, hatte der Herbst Einzug gehalten. Anfang April war dort um eine Stunde auf Winterzeit zurückgestellt worden. Wahrscheinlich war es dort früh dunkel geworden.

Pullman wünschte „einen schönen Abend noch", aber Obermeier hatte aufgelegt. „Raimund", sagte Pullmann nachträglich und vorsichtshalber.

„Und wir?", erkundigte sich Kreutz.

Pullmann verdrehte beim Hinausgehen seine großen Augen.

„Weitermachen, wo Sie aufgehört haben, Kommissar."

Sandra wählte die Telefonnummer der Umweltapotheke in Bad Aibling zum x-ten Mal. Sie war ständig besetzt. Kreutz schrieb an Berichten zum Einbruch bei Frau Stern, zum Mord an Dr. Marion Sistic und noch immer zu dem an Claudius Altmann, seines Zeichens Gärtner des städtischen Friedhofs am Klosterweg.

„Kommissar", hörte Kreutz jemanden sagen und sah auf. „Der Pfortenbeamte brachte Conny und Pauline Kalendar persönlich zu Kreutz. „Die Damen haben etwas zu Ihren Ermittlungen auszusagen."

63) Beobachtet

Hat er die beiden Frauen hinter einer der Hecken, die die Grabfelder einrahmen wie Kleingartenparzellen. Nun sind sie gemeinsam den Weg gegangen, der aus dem Friedhof nach Süden in die Innenstadt führt. Vielleicht gehen sie einen Kaffee trinken.

Pauline ist früh zurück aus Paris.

Nur schnell am Grab ihres Vaters wollte er vorbeischauen, um ihr zu sagen, dass nun alles in Ordnung sei. Die Ärztin hat für ihren Fehler bezahlt, und Pauline kann wieder ruhig schlafen. Bestimmt. Aber er konnte es ihr nicht sagen, weil die andere Frau dabei war. Wer war sie? Eine Freundin, Verwandte?

Aber vielleicht war das ganz gut so, dass er Pauline nicht treffen konnte. Unvorsichtig darf er nicht werden. Gerade jetzt nicht, wo er weiß, dass Lauras Haarprobe nach ihrem Tod entsorgt wurde. Die gehen mit den letzten Überresten von Menschen so sorglos um. Jetzt wird er nie an ihrem Haar riechen können. Hätte er doch damals … nein, daran darf er nicht denken. Jetzt ist es so, wie es ist. Alle müssen das akzeptieren. Sogar er selbst. Auch wenn es wehtut.

Er schwingt sich auf sein Fahrrad, das er am Supermarkt am Nordausgang des Friedhofs abgestellt hat, und fährt in die Stadt, wo es vor Menschen nur so wimmelt. Obwohl er es nicht nötig hat, versteckt er sich außerhalb des Friedhofs am liebsten dort, wo es am wenigsten auffällt, unter vielen, vielen anderen Menschen.

Er wird den Sonntag abwarten, und dann weitermachen. Immer weiter.

64) Ganz gewöhnlich

gekleidet sei der Mann gewesen, sagte Pauline aus. Für die Anfertigung eines Phantombilds stellte sie sich zur Verfügung. Conny bekam noch mit, dass eine junge Beamtin dem ermittelnden Kommissar etwas über eine Apotheke mitteilte. Eine Haarprobe sei vernichtet worden, nachdem dort bekannt wurde, dass die Besitzerin verstorben sei. Eine weitere Analyse sei damit hinfällig geworden.

Kreutz schickte Conny eilig hinaus. Conny verabschiedete sich von Pauline, dabei zeigte sie ihr den Daumen hoch.

Bei Mike im Büro setzte sie sich erst einmal auf den bequemen Sessel in der Ecke neben dem Fenster, den sonst Michael zum Entspannen nutzte.

Michael blieb hinter seinem Schreibtisch auf dem Chefsessel kleben, sichtlich heilfroh, dass Conny problemlos ihren ersten Einsatz überstanden hatte.

„... und dann sind wir zur Polizei", gestand Conny. „Ich hoffe, du bist nicht sauer, weil ich nicht zuerst mit dir über Pauline geredet habe?"

„Quatsch", wiegelte Michael ab. Ganz Unrecht hatte sie zwar nicht, aber Paulines Geschichte hätte ihm sowieso nicht weitergeholfen. Er hatte andere Pläne.

„Wann haben die von der Lokalzeitung eigentlich Anzeigenschluss?" Er goss Wasser in das unbenutzte Glas auf seinem Schreibtisch und brachte es Conny. Dankbar nahm sie sein Angebot an und nahm gleich einen großen Schluck.

„Das weiß ich nicht", sagte sie anschließend, einen unfeinen Rülpser vermeidend, „aber heute geht da sicher nichts mehr. Online vielleicht. Und dann musst du großes Glück haben, wenn deine Anzeige am Montag schon drinstehen würde."

„Stadtnews24 vielleicht?"

„Das geht online immer."

„Und für die Druckausgabe wird's am Dienstag dann hoffentlich reichen."

Conny leerte ihr Glas bis auf den letzten Tropfen.

„Was machst du eigentlich in der Zwischenzeit?"

„Ich stell' mich für ein paar Stunden selbst auf den Friedhof. In Schwarz. Und du machst dir einen schönen Sonntag."

„Von wegen. Ich kenne keine Sonntage. Da habe ich die meisten Kunden."

Michael überlegte, ob er Berti bitten sollte, für Conny und ihn am Sonntag etwas zu kochen. Er zog sogar in Erwägung, nach ihren Angaben gleich einzukaufen. Aber dann hatte er eine andere Idee: „Aber Mittagspause machst du doch, oder?"

„Klar. Warum?"

„Weil wir beide morgen schön Mittagessen werden."

„Mike, du kannst doch Berti nicht schon wieder ausnutzen. Denk an ihre Gesundheit."

„Eben, daran denke ich ja. Ich lad' dich in den Klosterkeller ein. Da war ich selbst schon ewig nicht mehr, und man kann dort prima essen."

„Gern." Conny fand, sie könnte die Einladung ruhig annehmen. Als Entschädigung für ihren Friedhofs-Einsatz.

Schere

Der Sonntag verlief dann so schön, wie sie sich das Date mit Mike vorgestellt hatte. Nur, dass Mike am Montagmorgen gleich zu dieser Schnapsdrossel Jutta von der Friedhofsverwaltung wollte, hätte er ihr nicht unbedingt noch einmal auf die Nase binden müssen. Aber Grund zur Eifersucht bestand zu keiner Zeit. Mike wusste schon, mit wem er es zu tun hatte. Und trotzdem. Sie musste mal mit ihm reden. Freundschaft hin oder her. Sie wurden älter und älter. Wenn schon nicht er, dann musste halt Conny mal Nägel mit Köpfen machen. Das mit den Schmetterlingen im Bauch hatte sich in ihrem Alter zwar erledigt, aber ausgerechnet sie sollte auf ihr Gefühl hören, und das schrie in letzter Zeit immer häufiger nach Mike.

Der Montag würde auch vorbeigehen.

65) 19. KW

SECURITY WÄRE NICHT ÜBEL, ÜBERLEGTE MICHAEL, WENN DER TYP AUF MEINE Annonce anbeißt. Er konnte sich vorstellen, jemand von der Firma ROSI einzusetzen, falls es zu einem Treffen kommen sollte. Die ROSENHEIMER SICHERHEIT, deren Chef Robert Robeus er gut kannte, wäre bestimmt nicht abgeneigt gewesen, mit der Detektei Warthens zusammenzuarbeiten.

Aber er verwarf den Gedanken wieder. Wozu hatte er seine eigenen Leute. Gerhard würde sich über eine Abwechslung sicher freuen, und Karoline konnte mal wieder ihren geliebten Kaufhausjob übernehmen. Die beiden waren als geringfügig Beschäftigte bei Michael angestellt und konnten nur eingesetzt werden, wenn ihr Hauptjob es ihnen erlaubte. Aber gerade Gerhard machten die Detektivaufgaben richtig Spaß. Der Begriff Detektiv war in Deutschland ja nicht geschützt, also konnten sich Gerhard und Karoline Detektive nennen. Wenige seiner Kollegen besaßen wie Michael eine fundierte Ausbildung und fingen an, als Privatermittler zu agieren, wobei sie oft unwissend Gesetze überschritten und sich unerlaubter Methoden bedienten. Der Datenschutz machte den Beruf nicht gerade leichter.

Michael würde Gerhard um verdeckten Begleitschutz bitten, wenn er das für nötig erachtete.

Jetzt, am Montagvormittag fand er das Angebot zum Kauf des Rings der Familie B. noch nicht in Stadtnews24. Am Samstag hatte er Sonja Braun von seinem Plan überzeugt und ihr Einverständnis dazu gewonnen. Wenn sie den Ring über den verwinkelten Umweg einer Mordermittlung wirklich bekommen würde, hatte sie sich gefreut, dann wäre Michaels Honorar mehr als angebracht.

„Das würde meine Familie feiern wie schon lange nicht mehr, und du bist natürlich herzlich eingeladen."

Die Notbremse, die Michael hatte ziehen müssen, quietschte vor Anstrengung. Er hatte Sonja klargemacht, dass das nur eine vage Vermutung und ein Versuch sei, ein Schuss ins Blaue, der ohne Treffer verhallen konnte.

Nach einem letzten vergeblichen Blick auf die Anzeigenseiten der Online-Zeitung machte er sich auf den Weg zur Friedhofsverwaltung. Jutta wusste mehr über den Mann, als sie zugeben wollte. Allem Anschein nach trieb sich der täglich auf dem Areal herum. Das musste Jutta doch aufgefallen sein. Und dann war da noch … aber das fragte er sie besser gleich zu Beginn. Am Vormittag dürfte Juttas Gehirn noch nicht zu sehr vernebelt sein, als hätte sie mehr Erinnerungslücken als Löcher in einem Käse.

Sie freute sich leidlich bei Michaels Anblick.

„Guten Morgen, Michi. Willst mich wieder ausquetschen, was?"

„Geh, Jutta. Du weißt, was hier passiert. Jemand treibt sein Unwesen mit den bedauernswerten Hinterbliebenen von Toten in diesen Gräbern". Er machte eine ausladende Bewegung mit dem Arm, als würde er den ganzen Friedhof umarmen.

„Setz dich doch", bot Jutta ihm an.

Michael ging nicht darauf ein. Er blieb lieber hinter dem Besucherstuhl stehen und stützte sich mit beiden Händen auf die Rückenlehne.

„Weißt du, Jutta, was ich mich die ganze Zeit frage? Und was ich mir vorstelle? Ich glaube, der Anfang von allem liegt entweder direkt beim Tod von Laura John, oder bei ihrer Beerdigung. Wie lief denn das ab? War doch eine Urnenbeisetzung, oder?"

Jutta zögerte einen Moment, dann nickte sie stumm.

Michael lächelte sie an. Das sollte helfen, sie aus der Reserve zu locken.

„Wenn es Videoaufnahmen oder Fotos davon gäbe, wäre das natürlich von Vorteil. Aber ich weiß, wenn, dann nur von privat, und das macht niemand bei Beisetzungen. Kannst du mir sagen, wer dabei war? Waren es viele oder nur engste Familienangehörige? Gab es Musik oder war es eine stumme Beerdigung? War ein Pfarrer dabei?"

„Michi", schnaubte Jutta mit rotem Kopf, „ich war nicht dabei, ich habe nur Unterlagen dazu. Aber ich habe, während du gequatscht hast, nachgesehen. Ja, da waren schon viele dabei. Am 7. Oktober war das. Und ich habe hier die Notiz, dass kein Familienangehöriger die Urne trug, falls dich das interessiert."

„Aber hallo!" Falls hierbei nichts herauskam, würde er sich doch noch an die Eltern von Laura wenden müssen. Aber das wäre sein übernächster Schritt.

„Das kommt oft vor, dass einer unserer Leute oder einer von der Bestattungsfirma die Urne nach der Trauerfeier in der Aussegnungshalle zum Grab voranträgt. Wir machen uns einen Vermerk deswegen, wegen der Abrechnung. Bei Laura John trug die Urne ein Mitarbeiter der Bestattungsfirma. Dessen Name müsste die Firma wissen."

„Und welches Beerdigungsinstitut war das?"

„Das hättest du auch die Familie fragen können. Firma Bestattungen-Beyerl & Sohn."

66) Montags

Hatten sie im Großraumbüro, zu KHK Obermeiers Zeiten wenigstens, wie oft in Privatfirmen auch, zur Brotzeit gegen zehn Uhr immer Weißwürste und frische Brezen kommen lassen. Das hatte aufgehört. Kreutz war kein Weißwurstesser. Sandra wusste aus Gesprächen mit den Kollegen und Kolleginnen von den Weißwurst-Sessions und konnte sich gut vorstellen, wie das den Teamgeist gesteigert hatte. Auch wenn dieser Obermeier, pensioniert und weit, weit weg, damals in seinem kleinen Büro eigenbrötlerisch gearbeitet haben musste, so hatte er sein Team für Gewalt- und Tötungsdelikte womöglich doch mehr geschätzt als Kommissar Kreutz.

Sandra hatte inzwischen die Umweltapotheke in Bad Aibling erreicht. Laura Johns Haarprobe existierte nicht mehr. Dass man die Ursachen ihrer Beschwerden aus der Probe herauslesen wollte, besonders die ihrer Allergien und chronischen Müdigkeit, hatte Sandra erfahren und vermerkt. Mit Allopathie, also schulmedizinisch, seien Allergien nicht immer erklärbar, und da konnten angeblich eventuell vorhandene toxische Substanzen wie Schwermetalle, also Blei oder Quecksilber, nachgewiesen in Haarproben, Aufschluss geben. Die Auftraggeberin, eine gewisse Sabine Stern, habe das Ergebnis vorab telefonisch abgefragt. Die Analysewerte gingen ihr dann schriftlich zu.

„Da sie die Probe nicht zurückhaben wollte, weil das Ergebnis feststand, und auch keine weitere Analyse angefordert wurde, haben wir nach einem halben Jahr Wartezeit die Probe vernichtet. Das ist üblich."

Sandra unterrichtete Kreutz über ihre Aufzeichnungen zum Kontakt mit der Umweltapotheke.

„So ein Mist!", lautete sein Kommentar.

Mit Kopfschütteln registrierte Sandra seinen Ausbruch. Sie legte nach: „Bei meinem Anruf bei Lauras Arzt habe ich erfahren, dass die Heilpraktikerin ihn nicht über das Ergebnis der Probe informierte. Der wusste und hält übrigens überhaupt nichts von so was."

„Freilich!", schimpfte Kreutz, „die sind sich doch nicht grün! Schulmediziner und Heilpraktiker, das ist wie Hund und Katz. Wurscht jetzt! Was ist mit deutschen Ein- und Ausreisenden aus und von Neuseeland nach Deutschland?"

Sandra schluckte trocken.

„Noch nichts. Aber ich arbeite daran."

Kreutz war puterrot, riss die Folie von einer Haselnussschnitte und biss grimmig hinein.

Weißwürste, dachte Sandra und schaltete geistig von Umweltapotheke auf Neuseeland um.

Die Einwanderungsbehörde bestätigte, dass Deutsche kein Visum für einen Aufenthalt bis zu drei Monaten benötigten, einen gültigen Reisepass besitzen, und sich am besten im Internet vorab über die Bestimmungen informieren sollten.

Sandra surfte die New Zealand Government's Official Immigration-Website ab. Die Polizei in Neuseeland war in 326 Polizeiposten aufgeteilt.

Sandra hielt telefonische Rücksprache mit Kriminalrat Pullmann. Er forderte sofort die Genehmigung des BKA für ein Ersuchen zur Amtshilfe bei der neuseeländischen Polizei an. Kurz darauf überließ er es Sandra, beim Polizeipräsidenten, dem Commissioner of Police, anzurufen. In perfektem Englisch bat sie, im Namen der Kriminalpolizei Rosenheim um Amtshilfe.

67) Das Grab

Seiner Eltern hatte Michael schon lange nicht mehr besucht. Sie waren in einem Grabfeld nahe der Klosterkirche beerdigt worden. Auf gut Glück, fand er, konnte er sich ja mal wieder dort hinbegeben und ein Auge auf die anderen Friedhofsbesucher werfen.

Erst in zwei Stunden, gegen Mittag, hatte er einen Termin bei Bestattungen-Beyerl & Sohn.

Jutta vorhin war sichtlich erleichtert gewesen, als er sich von ihr verabschiedete. Gut, sie hatte ihm weitergeholfen. Der Mann, der Lauras Urne getragen hatte, war zwar nur ein Angestellter des Bestatters. Doch der konnte sich womöglich an die Beisetzung erinnern.

So was vergisst man doch nicht so schnell, war sich Michael sicher, selbst wenn man nur einen Job ausübt, hat dieses Urnentragen durchaus etwas Persönliches.

Zwei Stunden vergingen wie im Flug, indem er mehrere Runden im Friedhof drehte. Namen mit Berufsbezeichnungen wie Fabrikbesitzer oder Bäckermeister auf Grabsteinen zeugten von der schon früh florierenden Industrie- und Einkaufsstadt. Die Namen erinnerten an Kaufleute, deren nicht mehr existierende Läden Michael als Kind und Jugendlicher noch gekannt hatte. Zahlreiche Bäckereien, Metzgereien und Betriebe hatten längst aufgegeben. Deren Nachkommen hatten sie verkauft, heruntergewirtschaftet, oder waren Opfer von wirtschaftlichen Veränderungen geworden.

Am Grab seiner Eltern, das mit einer Steinplatte abgedeckt war, blieb er viel länger als er vorgehabt hatte. Dann sammelte er ein paar von anderen Gräbern hin gewehte welke Blätter, brachte sie zur nahen Abfallstation und verließ den Friedhof.

Herr Beyerl, ein älterer Herr, der gar nicht ins Klischee von Bestattern passte, begrüßte Michael.

Der Mann trug eine Art Hawaii-Hemd, das in seiner Jugend modern gewesen war, und ein gelbes Halstuch, das auf irgendeine pfiffige Art zu seinem gepflegten Gesicht passte. Ob er älter oder jünger als Michael war, ließ sich nicht einschätzen.

„Was kann ich für Sie tun, Herr Warthens? Privatdetektiv sind Sie?" Er zog eine gezupfte Braue auf, schob eine Taschentuchbox auf seinem Schreibtisch zur Seite und wartete lächelnd auf eine Antwort.

„Bin ich, ja. Und Sie haben sicher vom Ableben des Friedhofsgärtners gehört?"

„Wir haben sogar die Ehre, seine Beisetzung zu gestalten. Wir arbeiten eng mit der Friedhofsverwaltung zusammen. Die Leiche ist leider noch nicht freigegeben, was die spätere Präparation nicht erleichtern wird." Herr Beyerl seufzte bedauernd. „Und Sie ermitteln in dem merkwürdigen Fall?"

Michael musste die Sache in dieser Umgebung mit Urnen- und Sargausstellung abkürzen. Beyerl zeigte sich zwar nett, sehr nett sogar, aber Michael hatte ein dringendes Anliegen: „Ja, aber mein Interesse bezieht sich auf eine länger zurückliegende Urnenbestattung. Werden Ihre Mitarbeiter oft beauftragt, die Urne zu tragen?"

„Oh ja. In den meisten Fällen sehen sich Angehörige nicht imstande, den feierlichen letzten Weg der Verblichenen im wahrsten Sinne des Wortes in die Hand zu nehmen. Wir bieten an, den Transport von der Trauerfeier bis zum endgültigen Bestimmungspunkt zu übernehmen. Unsere Bestattungsfachkräfte tragen dabei eine angemessen dezent schwarze Uniform und eine hochwertige, schwarze Schirmmütze, damit die Trauernden unter anderem wissen, dass er dazu berechtigt ist. Selten werden Urnen auf einem, natürlich mit Blumenschmuck versehenen Handwagen zur letzten Ruhe gefahren. Doch viele Angehörige sehen das als wenig pietätvoll an, wie auf einem Schubkarren ... ach, lassen wir das. Was wollten Sie gleich wieder wissen?"

„Konkret geht es um eine Beisetzung am 7. Oktober des letzten Jahres. Laura John ist der Name."

„Und, was ...?"

„Der oder die Urnenträger. Der Name des Mitarbeiters würde mich interessieren. Ich erwarte mir die eine oder andere Information von ihm – oder ihr?"

„Nein, nein. Gott bewahre. Wir beschäftigen keine Frauen."

Die Tür zum Rückraum öffnete sich, und ein junger Mann um die Dreißig betrat den Empfangsraum. Als er Michael sah, setzte er sofort eine Trauermiene auf.

Berufsbedingter Reflex, riet Michael.

Beyerl stellte den Herrn in traditioneller dunkler Kleidung als seinen Sohn vor.

„Stiefsohn", berichtigte der, stellte sich hinter seinen Stiefvater und legte ihm den Arm um die Schulter.

„Der Herr Warthens ist Privatdetektiv und möchte von uns eine Auskunft", weihte der bunte Vogel seinen Stiefsohn ein. Er nannte ihm das Datum und den Namen der Beisetzung.

„Laura John?", fragte der jüngere Beyerl nach. Er setzte sich neben seinen Vater an den Computer und klickte ein paarmal hin und her.

„Ah ja", entfuhr es ihm, „das war doch Peters erster Auftrag. Er fuhr mit mir zum Krematorium. Wir überführten Frau Johns Leiche dorthin, und ein paar Tage später, ja, am 7.10., bekam er den Auftrag, die Urne zu tragen."

Er hatte den Namen Peter englisch ausgesprochen.

„Peter?"

„Ja, Peter Berger."

Michael wiederholte ebenfalls englisch: „Pieter Börger?"

„Ja, er kam aus dem Ausland zu uns, war aber nicht lange beschäftigt. Ihm behagte das Geschäft nicht." Der junge Beyerl grinste. „Schade eigentlich, er hatte Talent. Nun, er hatte wohl Geld benötigt und die Arbeit angenommen, weil er sich unter anderem bei uns als Bestattungshelfer beworben hatte und wir ihm die Zusage als erste gegeben hatten. Klaus hatte ja gerade gekündigt."

Michaels Beine zuckten nervös. Hatte Sonja nicht erwähnt, der Friedhofmann könnte mit leicht englischem Akzent gesprochen haben? Aber sie war sich deswegen nicht sicher. Heutzutage streuen beim Reden viele Leute Anglizismen in ihre Reden. Das war schon okay.

„Und woher aus dem Ausland ist er nach Deutschland gekommen? Oder besser, wo ist dieser Berger jetzt?"

„Da muss ich nachsehen."

Von wegen Vater und Sohn, dachte Michael bei sich. Die Blicke der beiden verrieten etwas anderes. Und sie beschäftigten keine Frauen. Egal, er hatte einen Namen.

Schere

68) DAS ATTENTAT

IN CHRISTCHURCH, NEUSEELAND, WAR AM 15. MÄRZ 2019. DIE POLIZEI UND DIE Ermittler hatten nach der Bitte um Amtshilfe der Rosenheimer Kripo die Namens-Dateien zu diesem und anderen Verbrechen erneut durchlaufen lassen. In den Registern der Verdächtigen und Verurteilten wegen Gewalttaten auf beiden Inseln tauchte der Name Alexander Fuchs nirgendwo auf. Auch abweichende oder ins Englische übersetzte Namen wie Alex Fox kamen in den Listen der Verdächtigen nicht vor.

Dass die neuseeländische Polizei im Zusammenhang mit der Anfrage nach einem womöglich rechtswidrigen Einwanderer aus Deutschland zuerst die Listen der Verdächtigen des Anschlags durchging, irritierte Sandra Thaler. Zwar hatte der Attentäter, dessen Opfer der muslimischen Minderheit Neuseelands angehörten, bei seinen vorherigen Reisen unter anderem Österreich und Deutschland besucht. Und er war eindeutig Anhänger einer rechtsradikalen Ideologie. Dass ausländische Behörden bei einem illegalen Deutschen sofort annahmen, er sei dem rechten Spektrum zuzuordnen, ließ Sandra zweifeln, ob das Bild ihres Landes in der Welt sich seit Jahrzehnten überhaupt zum Positiven geändert habe. Einen Alexander Fuchs mit dem angegebenen Geburtsdatum gab es in Neuseeland jedenfalls nicht. Nicht offiziell.

„Wir kommen einfach nicht weiter", resignierte Sandra. KHM Kohlbeck saß ihr wieder gegenüber und trank Kaffee.

„Es ist Montagnachmittag, in Neuseeland pennen die gerade alle, und ich kann mich vor dem Kommissar wieder rechtfertigen, warum nichts vorwärtsgeht." Sandra war den Tränen nahe. Sie sah auf die Uhr. Siebzehn Uhr durch.

„Der ist ja selbst nicht fähig, einen weiteren Schritt zu unternehmen", versuchte Walter Kohlbeck sie zu trösten. „Nobody is perfect, und der schon gar nicht."

Das Festnetztelefon auf Kreutz' Schreibtisch klingelte laut.

„Soll ich hingehen?" Sandra war verunsichert.

Kohlbeck fragte sie: „Was habt ihr denn ausgemacht, wenn's klingelt und er nicht da ist?"

„Dass ich sein Telefon bedienen soll?", formulierte sie ihre Antwort als Frage.

Kohlbeck hob die Hände und schaute sie auffordernd an.

„Worauf wartest du noch?"

Sandra hob ab und meldete sich amtlich. Sie erschrak förmlich, als sie den Namen aus dem Hörer vernahm. Sie fragte extra noch einmal nach.

„Ja, Ex-Hauptkommissar Obermeier hier. Ich bin absolut kein Frühaufsteher, ist ja erst nach drei, allmächt. Aber ich kam spät aus dem Pub und hier stürmt's zurzeit, dass ich nicht schlafen kann. Da dachte ich, vielleicht ist noch jemand im Büro bei euch. Ist ja Nachmittag dort, oder?"

Sandra bestätigte Obermeier seine an sich klare Vermutung.

„Dann hören Sie, meine Dame, sagen Sie Kriminalrat Pullmann, oder Ihrem Kommissar von mir aus, dass es hier vor gut einem halben Jahr einen Vermisstenfall gegeben hat. Mein Sohn hat mich darauf gebracht. Ein Kleinfarmer in der Nähe von Porirua City, na ja, ziemlich außerhalb, gilt als vermisst. Mein Sohn hat mir die Geschichte erzählt, weil sich das unter den Farmern herumgesprochen hat. Der Mann lebte allein und hatte keine Verwandten. Sein Nachbar, der zwölf Kilometer entfernt die nächste Farm betreibt, hat das Verschwinden der Polizei gemeldet. Die Schafe hat sich der Nachbar unter den Nagel gerissen, und die Farm ist jetzt verwaist. Seine Hunde wildern sich jetzt wohl durch. Zwei Polizisten sahen sich die Farm an, und da keine Verwandten nachfragten, beließ man es bei der Hoffnung, dass er schon wieder auftaucht. Er gilt noch immer als vermisst."

„Moment Herr Kommissar", unterbrach Sandra Obermeiers Redefluss, „ich schreibe Stichpunkte mit. Wie heißt der Farmer?"

„Sie müssen nicht mitschreiben. Ihr bekommt zeitnah einen Bericht der Polizei von Porirua mit dem Namen und der Beschreibung. Fuchs heißt der allerdings nicht. Ähm — Borg oder so. Ich will euch nur mitteilen, dass der Farmer das Alter des Mannes hat, den ihr sucht. Mein Sohnemann sagte jedenfalls, dass der Klein-Farmer sich vor achtzehn Jahren schon einmal aus dem Staub gemacht haben soll. Der Zeitpunkt und die Beschreibung eures Gesuchten, das riecht irgendwie. Die Polizei hier konnte ich davon überzeugen, die Farm noch einmal genauer unter die Lupe zu nehmen. Ihr hört von denen." Obermeier schniefte auf. „Alsdann, viel Glück."

Sandra hörte noch, wie er sagte: „So ein Sturm, allmächt." Dann herrschte Funkstille.

69) Peter Berger

In Rosenheim? Michael fand keinen passenden Eintrag in Telefonbüchern oder im Netz. Ob der gemeldet war? Der Mann, der die Urne von Laura trug, musste ja irgendwo wohnen. Er hatte einen Reisepass mit wohl britischer Herkunft besessen, Aber Beyerl Junior hatte das nicht mehr genau gewusst. Vielleicht hielt er sich gar nicht mehr in Rosenheim und Umgebung auf?

Mit jedem Schritt zurück in sein Büro überredete ihn sein Gewissen, den Namen Peter Berger Kommissar Kreutz zu präsentieren. Die Polizei besaß – leider – sehr viel mehr Möglichkeiten, über die Meldeämter zu erfahren, wo jemand wohnte oder sich in Hotels und Pensionen einquartiert hatte.

Am Ludwigsplatz herrschte das übliche Treiben. Die letzten Marktstände vom Vormittag verschwanden gerade vom Platz.

Michael öffnete das Fenster, um frische Stadtluft hereinzulassen. Peter Berger, ein einfacher deutscher Name, der ebenso anglo-amerikanisch sein konnte. Ein Mitarbeiter einer Bestattungsfirma, keine Fachkraft. Ein Helfer. Welchen Job würde der nach seinem Engagement dort annehmen? Hilfsbäcker? Paketbote? Oder besaß er einen gelernten Beruf, den er hier nicht ausüben konnte?

Michael war geneigt, einen Fluch auszustoßen. Doch zu Kreutz? Er drückte die Hometaste seines Handys. Die Stadtnews24-Seite ploppte auf.

Schlagzeilen. Michael scrollte zu den Anzeigen. Da war sie.

Brillantring gesucht. Zahle Höchstpreis. Hinweis: Stichwort FRIEDHOF-UDINE. Bitte melden bei Familie B. Michaels Handynummer in der letzten Spalte hätte ihn entlarvt. Die war in seinen Werbeanzeigen zu lesen. Aber er besaß noch ein paar nicht registrierte Prepaidkarten. Eine davon war noch gültig.

70) *Mrs. Thaler?*

Sandra schluckte und sah auf die Uhr rechts unten am Monitor. Halb sieben Uhr morgens. Kreutz hatte alle dazu verdonnert, am Dienstag so früh wie möglich im Büro anzutreten. Kriminalrat Pullmann hatte endlich ein Einsehen gehabt und Kreutz' Team vier weitere Beamte zugeteilt. Die neuen Herren hatten sich seit sechs Uhr von Kohlbeck und Kreutz höchstselbst in die Materie einweihen lassen.

Mit müden Augen und verschnupfter Stimme war Kreutz soeben zum letzten fallrelevanten Glied in der Kette der Beteiligten gekommen: Alexander Fuchs, leiblicher Vater von Laura, zuletzt John.

Und nun hatte Sandra den Polizeichef der Porirua Central Police Station an der Strippe, der sie mit Mrs. ansprach. War sie nicht eine Miss? Oder sagte man das nicht mehr, wie hierzulande Fräulein?

„Yes, this is Sandra Thaler, Police Inspectorate Rosenheim, Germany."

Mit jedem Wort des Chiefs staunte sie mehr, schaltete hektisch auf laut und Aufzeichnung.

Der letzte Satz lautete: „Please, be carefull!"

Kurz darauf leuchtete der Eingang der Mail mit dem vorläufigen Bericht der neuseeländischen Polizei auf.

71) Am Dienstag

Fand Michael seine Annonce in der Druckausgabe der Heimatzeitung. Jetzt musste der Mann mit dem Ring doch einfach anbeißen. Michael steckte das Prepaidhandy in die Brusttasche seines Jacketts, hängte die Jacke über die Sessellehne und widmete sich dem Computer.

Bis jetzt hatte er den Urnenträger Peter Berger nicht ausfindig machen können. Natürlich fand er zig Bergers, einige mit dem Vornamen Peter. Aber ein Mann um die Vierzig, vermutlich alleinstehend und mit britischem Pass, ließ sich nicht aufspüren. Um zehn Uhr beschloss er, Juttas Erinnerungsfähigkeit nochmal zu prüfen, und falls nötig, noch einmal die der Bestatter.

Über das Suchen nach dem Mann vergaß er völlig, dass er das Minihandy in die Brusttasche gesteckt hatte. Er fiel fast vom Sessel. Wie laut konnte man so ein winziges, altes Ding überhaupt einstellen?

„Braun", meldete er sich.

Aus dem Handy kam nur ein Atemgeräusch. Michael wollte schon wieder auflegen, da hörte er eine feste männliche Stimme: „Herr Braun? Welcher Herr Braun?"

Michael hatte keine Antwort parat. Wie gut kannte der Anrufer die Familie? Rief er denn wegen des Rings an?

Michael ging zur Gegenoffensive über: „Und wer sind Sie? Warum rufen Sie an?" Niemand anderes als jemand, der die Zeitungsanzeige gelesen hatte, konnte die Nummer kennen.

„Das können Sie sich doch denken, Herr Braun." Der Anrufer sprach den Namen spöttisch aus. Ahnte er den Bluff?

„Ach so, es ist wegen der Anzeige. Wir suchen den Ring schon so lange, und meine Cousine Sonja erzählte mir, dass sie jemand getroffen hat, der wüsste, wo er heute sein könnte. Es ist ja recht unwahrscheinlich, dass der noch existiert. Also in Italien vielleicht, aber nicht hier in Rosenheim. Aber ich dachte, probieren kann ich es ja mal. Danke, dass Sie sich melden. Sie haben ihn doch, oder?"

Das Zögern seines Gesprächspartners ließ Michael vor plötzlicher Anspannung fast zerreißen. Wenn er nun einfach auflegte? Michael versuchte, jovial und unbedarft zu klingen.

„Hallo? Sind Sie noch dran? Wenn Sie es ernst meinen, dann sagen Sie bitte was."

Die Bitte half: „Sie sagten, Sonja sei Ihre Cousine?"

„Ja, sie ist manchmal schwierig, wissen Sie, besonders, seit ihr Mann gestorben ist. Aber das interessiert Sie sicher nicht."

Die Erwähnung Sonjas schien den Anrufer überzeugt zu haben.

„Was wollen Sie zahlen?", kam beachtlich direkt zurück.

„Hm, dazu müssten wir unser Familiengoldstück natürlich erst von einem Juwelier schätzen lassen. Wir können das gerne zusammen machen."

„Sie können sich denken, dass ich mehr will, als den Verkehrswert. Er ist Ihnen doch mehr wert, nicht wahr?"

Michael hoffte, den Brauns nicht allzu sehr in den Rücken zu fallen.

„Ja freilich!", tat er frohlockend. „Wo treffen wir uns? Ich möchte Sonja und die anderen nämlich mit dem Ring überraschen. Ich weiß ja, wie er aussehen muss. Also?"

„Kennen Sie die Parkbank an der Aussegnungshalle des städtischen Friedhofs?"

Michael stutzte kurz, überlegte, ob es gefährlich werden könnte. Er hatte so manche schlechte Erfahrung mit geheimen Treffen gemacht. Aber die genannte Sitzgelegenheit stellte keine Gefahr dar. Da kamen ständig Leute vorbei.

„Die am Rundbrunnen, wo die Leute Wasser zum Grabgießen holen, oder?"

„Genau die."

Der Kerl hatte sich die Stelle speziell ausgesucht, gerade weil sie nicht abgelegen lag. Er hätte Michael auch auf den belebten Max-Josefs-Platz bestellen können.

„Und wann? Sie dürfen es sich aussuchen, haha."

„Passt sechzehn Uhr? Ich bringe den Ring mit, okay?"

Dass um diese Zeit manchmal noch Beerdigungen stattfanden, oder zu Ende gingen, störte den Anrufer wohl nicht.

Michael biederte sich gespielt an: „Ja, sehr gern."

72) *Gerade recht*

Kommt ihm die Gelegenheit, den Ring endlich loszuwerden. Was heißt loswerden? Verkaufen, zu Geld machen, und zwar zu einem weitaus höheren Preis, als er bei einem Juwelier oder auf dem Schwarzmarkt bekommen würde.

Die Geschichte, die mit dem Ring verbunden ist, trifft ja keine Armen. Superreiche natürlich auch nicht. Aber sie sind eben keine Einzelperson. Die Brauns können zusammenlegen. Dann dürfte ein hübsches Sümmchen dabei herauskommen. Der Stein ist aus einem halben Rubin und einem halben Saphir zusammengesetzt, eine seltene, wenn nicht sogar einzigartige Art der Verarbeitung. Beide haben mehrere Karat. Die Fassung und der nicht unbedingt schlanke, schwere Ring selbst bestehen aus bestem 999-er Gold. Wenn man das Alter miteinberechnet, kommt alles in allem ein Zehntausender heraus. Und als Aufschlag kommt der ideelle Wert für die Familie dazu.

Das Geld hat er bitter nötig. Die Jobs, die er hier angenommen hat, warf er alle nach ein paar Wochen hin. Seine privaten Rücklagen sind aufgebraucht. Ja, jetzt ist der richtige Zeitpunkt. Wieder einmal fügt sich alles wunderbar. Danke für dieses Alles.

Wenn Sonja Braun auf sein Angebot eingegangen wäre, wenn sie ihm geglaubt hätte, wer weiß, ob er nicht unter Wert verkauft hätte. Aber sie steckt ja jetzt dahinter, von wegen Stichwort FRIEDHOF-UDINE. Die weiß ganz genau, dass er den Ring hat. Und jetzt hat sie es sich endlich anders überlegt. Ihren Cousin schickt sie vor. Auch recht.

73) Die Kiwis

Hatten am Morgen deutscher Zeit den Bericht an die Kriminalpolizei-Inspektion in Rosenheim gesendet. Neuseeland war Deutschland nicht nur zeitlich zehn Stunden voraus. Dort zeigten die Uhren bereits Dienstag und Nachmittagszeiten an. Doch nicht nur chronologisch hatte die Polizei der Kiwis den Rosenheimern etwas voraus. Kreutz zeigte sich fassungslos.

„Wie kann das passieren? Jetzt ist doch klar, warum wir nicht weiterkommen. Wir suchen ein Phantom!"

Sandra räusperte sich. Sie wusste genau, dass sie in einer anderen Dienststelle ihr Praktikum genauso gut in einer Asservatenkammer hätte verbringen können. Hier durfte sie beinahe als vollwertiges Glied im Kreis der Ermittler agieren, was ihr innerlich ein Wow entlockte.

„Such-ten", verbesserte sie Kreutz. „Wir konnten ja nicht wissen, wer er ist, wenn er aus dem Untergrund agiert. Aber jetzt haben wir einen Namen."

„Ja, einen falschen", zog Kohlbeck Sandras Optimismus in den dunklen Keller der Ermittlungslücken zurück. Kreutz legte sinnierend den Finger an die Nase.

„Na, Kommissar", riss ihn der Kriminalrat aus seinen Überlegungen, „was höre ich da? Obermeier hatte Erfolg?"

Wo kommt der denn plötzlich her? Kreutz erschrak und lief rot an. Seine jugendlich wirkende Haut sah aus wie ein überreifer Pfirsich. Er nickte nur.

„Na, dann lassen Sie mal hören", forderte Pullman das Team auf, ihm zu berichten. Er schaute in die Runde.

Kohlbeck am Schreibtisch verschränkte die Arme. Kreutz' drei neue Mitarbeiter und eine neue Mitarbeiterin versteckten sich hinter ihren Computern. Sie wussten ebenso wie der Kommissar nur aus Sandras Übersetzung der Mail von den neuseeländischen Kollegen, dass sich ihre Ermittlungen ab jetzt in eine einzige Richtung bewegen würden.

Kreutz erhob sich von seinem Bürostuhl. Ihm blieb nichts anderes übrig: „Frau Thaler, wären Sie so freundlich?"

Sandra nickte.

„Was wir dank der Kollegen von der Porirua Central Police wissen, ist Folgendes: In der Nähe von Porirua gibt es ein paar Schaffarmer, und einer davon ist seit etwa einem Jahr verschwunden. Das ist so ein Eigenbrötler, lebt allein und hat wenig Kontakt zu seinen Nachbarn, was man da unten so als Nachbarn bezeichnet, wenn man über zehn Kilometer weiter der nächste ist. Jedenfalls sind einem davon vor etwa sieben Monaten ein paar Schafe zugelaufen, die am Ohrclip die Herdennummer seines Nachbarn trugen. Er hat nachgesehen, und da die Farm verlassen schien, informierte er die Polizei. Ein Verbrechen wurde nicht vermutet, eher ein Unfall oder so, und man hat die Farm nach einem Toten oder Verletzten abgesucht, aber nichts gefunden. Nachdem wir und die dortige Polizei von Herrn Kommissar Obermeier informiert wurden, dass es zeitliche und altersmäßige Gemeinsamkeiten mit unserem Gesuchten, also Alexander Fuchs gibt, hat die Porirua Central Police eine erneute Durchsuchung der Farm angeordnet. Zwar erst, nachdem wir um Amtshilfe ersuchten. Aber dann ging's flott."

„Und was kam dabei heraus?" Pullmann hatte sich Sandra genähert und hörte atemlos zu. Seine Backenmuskeln malten ununterbrochen.

Sandra klickte sich auf die Mail von den Kiwis.

„Mit Suchhunden fanden sie die Leiche des Farmers in einer mit Planen abgedeckten Grube. Ein Sturm, der sich bald wieder abgeschwächt hat, hat den Fundort soweit freigelegt, dass die Hunde ihn schnell aufspüren konnten. Damit wäre natürlich alles geklärt gewesen. Doch dem hinzugerufenen Mediziner fielen auf den ersten Blick die vielen Knochenbrüche und eine Schädelverletzung auf, die eventuell nicht von einem Sturz oder tödlichen Unfall stammten – und vor allem, die teils mumifizierte, teils skelettierte Leiche lag wesentlich länger als ein Jahr am Fundort. Daraufhin ging man im Wohnhaus und den Außengebäuden bei der Spurensuche akribischer vor als beim ersten Mal. Eindeutige Hinweise darauf, dass eine zweite Person dort gelebt haben musste, ergaben sich dabei. Kleidung, Rasierzeugs und so weiter. In einer Kommode kam dann der von Mäusen angefressene Reisepass eines deutschen Staatsbürgers zum Vorschein. Erste Fotoabgleiche ergaben eine große Ähnlichkeit des einheimischen Farmers mit dem Foto im deutschen Pass. Legal eingereist war dieser Deutsche nicht, das haben Nachfragen bei den Einwanderungsbehörden, den Flughäfen und Seehäfen ergeben. Und jetzt kommt's. Erstaunlich ist, dass der tote Farmer seit ungefähr zwei Jahrzehnten in dieser abgelegenen, abgedeckten Erdgrube auf dem Farmgelände lag. Dass es sich nicht um den Mann handelt, dem der gefundene deutsche Pass gehört, bestätigte der Nachbarfarmer. Er erkannte den richtigen, also den neuseeländischen Bürger, an der mumifizierten linken Hand. Ihr fehlt ein Ringfinger, den er als Jugendlicher mit einer Schafschere verloren hatte. Später hatten sie mal Streit und kamen sich dann kaum noch näher.

Das Fazit der Polizei in Neuseeland ist, kurz zusammengefasst: Der besagte Deutsche hat den Farmer vor fünfzehn bis zwanzig Jahren entweder umgebracht, oder einen Unfall ausgenutzt, um dessen Identität anzunehmen."

„Ja, Herrgott, und wie heißt, ähm, hieß der Farmer?", schnaubte Pullmann wie eine Dogge.

„Der Tote oder der Lebende?"

Pullmann verdrehte die Augen. Sandra fürchtete, dass sie ihn nicht länger auf die Folter spannen durfte.

„Der, der noch lebt, der als falscher Neuseeländer den Pass des Farmers benutzt, ist niemand anderes als Alexander Fuchs. Legal in Deutschland eingereist Anfang September letzten Jahres als neuseeländischer Staatsbürger namens Peter Berger."

Mitten in die Grabesstille des Kripo-Büros tönte Kreutz' Diensthandy.

74) Ungeduldig

hatte Michael sich auf den Weg zum Friedhof gemacht. Den Bestattern Beyerl, die er unterwegs vom Handy aus anrief, fiel nichts Neues zu ihrem ehemaligen Beschäftigten ein. Bevor er sich mit dem Ring-Mann um vier Uhr treffen würde, machte er einen Abstecher zur Friedhofsverwaltung.

„Hallo Jutta."

„Du schon wieder."

„Mei, du bist halt so anziehend." Er grinste. Jutta warf den Kugelschreiber in ihrer Hand so heftig auf den Schreibtisch, dass es knallte.

„Arschloch."

„Holla!", machte Michael und zog spöttisch die Brauen auf. „Siehst du, und so sympathisch impulsiv bist du auch noch. Trotzdem bin ich hier, weil ..."

„Für was?", fuhr ihm Jutta scharf über den Mund. „Um mir Fragen zu stellen? Geh doch zu deiner rothaarigen Esoterik-Hex'. Die kann wenigstens in die Zukunft schauen."

Michael wurde wieder ernst.

„Kann sie nicht. Wurscht. Aber du kannst vielleicht in die Vergangenheit schauen. Kennst du einen Peter Berger?"

Als hätte er vom Teufel gesprochen, stieß sich Jutta vom Schreibtisch ab und rollte auf ihrem Bürostuhl bis ans zwei Schritte hinter ihr angebrachte Aktenregal.

„Woher ...?" Ihre Brust unter dem Ausschnitt hob und senkte sich, als würde sie hyperventilieren.

„Was ist denn?" Michael fürchtete, er müsste sie jeden Moment reanimieren. „Ich hab' doch nur rausgekriegt, wer der Mann ist, der bei Laura Johns Urnenbeisetzung das Ding getragen hat. Peter Berger heißt der. Mehr weiß ich nicht über den."

Jutta flüsterte fast.

„Aber ich. Ich wusste nur nicht, dass der schon im Einsatz war damals. Ich habe ihn erst eine Woche nach dieser Beerdigung kennengelernt. Er fragte mich im Auftrag der Firma Beyerl, ob wir ein neues Ossarium anlegen würden."

„Ein was?"

„Ossarium, ein Beinhaus. Irgendwo hin müssen die übriggebliebenen Gebeine von aufgegebenen Gräbern schließlich. Aber wir planten kein neues. Wir kamen ins Gespräch. Er sah sehr gut aus, gepflegt, glattrasiert und eine männliche, hell-olive Haut, als wäre er viel im Freien, und sportlich, fast hypnotisierende blaue Augen. Und dazu der dunkle Uniformanzug des Bestatters, weißt, die elegante Schirmmütze, die ihn aussehen ließ wie einen schneidigen Offizier."

„Jetzt mach aber mal einen Punkt", bremste Michael sie ein. „Du kennst den also. Weißt du, wo der wohnt?"

„Jetzt nicht mehr. Wir haben zweimal … aber das geht dich nichts an. Er hat mich einfach stehenlassen. Nach drei Wochen hab' ich von dem nichts mehr gehört und gesehen. Der Arsch."

Jutta hatte sich wieder halbwegs von der Überraschung der Namenserwähnung erholt. Sie atmete tief durch.

„So, und ich hab' zwar manchmal geglaubt, ihn hier auf dem Friedhof gesehen zu haben. Aber selbst, wenn er es gewesen wäre, hätte ich ihm womöglich noch eine runtergehauen. Es war nur die Figur, von der ich geglaubt hab, er wär's. Ich Rindvieh hatte wohl die Hoffnung gehabt, er käme zurück. Pah!"

Juttas Laune färbte auf Michael ab.

„Na, dann warst du ja schnell wieder frei und auf dem Markt", lästerte er. Dass dieser Berger nicht der einzige Grund war, warum sich Jutta bereits tagsüber das Fläschchen gab, ahnte er nur. Sie hatte eben Pech mit Männern.

„Da redet der richtige", gab Jutta zurück. „Dich lässt deine Glaskugel-Mamsell ja ganz schön hängen, oder? Oder lebt ihr zusammen, hä?"

Auf dem falschen Fuß erwischt, durchzuckte es Michael. Jutta stach sofort in die Lücke.

„Kommst du nachher wieder zum Café Weth? Ich hätte Lust."

„Oh, nein, äh, Danke. Ich habe gleich noch ein Date. Allerdings nicht mit einer Frau."

„Na, jetzt wird mir einiges klar." Jutta verdrehte die Augen.

Michael nahm die Gelegenheit wahr und ließ sie in ihrem Glauben.

„Also, dann. Pfiadi."

Schere

Er musste um das Zentralgebäude des Friedhofs herumgehen, um zum Treffpunkt mit dem Ring-Mann zu kommen. Noch zehn Minuten. Nein, acht. Eine Beerdigungsgesellschaft löste sich in der Nähe des Rundbrunnens vor der Aussegnungshalle auf.

Michael setzte sich auf die Bank davor. Die Sonne stand halbrechts von ihm und blendete ihn.

Jutta wusste nicht viel mehr über Peter Berger, als die Beyerls. Kreutz und seine Lakaien vielleicht schon? Die paar Minuten, bis der Ring-Mann auftauchen sollte, nutzte Michael und wählte Kreutz' Nummer.

„Ah, Kommissar. Eigentlich wollte ich Sie deswegen nicht belästigen. Aber ich weiß nun, wer die Urne von Laura John bei ihrer Beisetzung getragen hat. Ich dachte, das wäre doch eine willkommene Information für Sie. Ich fürchte nur, ich kenne seinen Aufenthaltsort nicht, um ihn zu fragen, ob er damals etwas beobachtet hat."

Kreutz benahm sich akustisch merkwürdig atmend, fast grunzend, und ungeduldig wie immer.

„Ja, ist ja recht, Warthens. Ich habe jetzt wirklich keine Zeit ..."

„Ich will doch Ihnen helfen, hallo! Also, der Name des damaligen Bestattungsdienst-Mitarbeiters ist Peter Berger. Vielleicht hilft Ihnen das, und wenn Sie wissen, wo der sich aufhält, könnten Sie mir das doch als Gegenleistung verraten."

Kreutz schien am Telefon gestorben zu sein, bevor er wieder zum Leben erwachte: „Wie, sagten Sie, ist der Name dieses Mannes?"

„Berger. Peter Berger. Oder auch Pieter Börger gesprochen. Könnte Engländer sein."

Ein Schatten warf sich über Michael. Jemand verdeckte die Sonne. Eine männliche Stimme fragte: „Sind Sie Herr Braun? Kennwort Friedhof-Udine?"

75) Conny

Klingelte an Michaels Bürotür. Die anschließende Totenstille ließ ihr jenen seltsamen Schauder über die Haut jagen, den sie jedes Mal verspürte, wenn etwas Schlimmes bevorstand. Das musste nicht unbedingt eine Katastrophe sein, aber etwas, das schlicht nicht gut für sie und ihre Umgebung war.

Natürlich verließ Michael an Nachmittagen oft sein Büro. Er war Privatdetektiv und kein Buchhalter mit festen Bürozeiten. Sogar seine Leute, Gerhard und Karoline, ließen sich nicht blicken.

Ebenfalls im Einsatz, schätzte Conny und machte kehrt. Noch auf der Treppe rief sie Berti an und fragte nach Mike.

Sie hörte ein ärgerliches Prusten, dann: „Der Michi ist, glaub ich, zum Friedhof. Der hat's momentan mit 'm Gott'sacker, glaubst es. Der schaut sich wohl schon nach einem Platzerl für mich um."

Conny merkte an, dass die Warthens-Familie doch schon lange über ein großes Familiengrab verfügte, und sie sich keine Sorgen machen müsse.

„Freilich", ließ Berti nicht locker, „aber viel haben da nimmer Platz."

Conny sagte noch schnell Fiati und legte auf. Pfüadi, mit P, schaffte ihr hochdeutsch erzogenes Sprachgefühl nicht. Wenigstens wusste sie jetzt, wo Mike sich herumtrieb. Aber dieser Ort würde kaum geeignet für das sein, was sie ihm anvertrauen wollte. Nägel mit Köpfen machen. Ihm eindeutig sagen und zeigen, dass sie den Rest ihres Lebens mit ihm gemeinsam verbringen wolle. Konnte das ungute Gefühl von vorhin bedeuten, dass sie fürchtete, er könnte das anders sehen? Und warum ging er nicht ans Handy? Ständig besetzt, das Ding.

Acht Minuten später betrat sie über den Eingang an der Klosterkirche den städtischen Friedhof.

76) *Kreutz' Herz*

Schlug bis zum Hals. War das zu fassen! Oder nur ein blöder Zufall, Namensgleichheit?

„Warthens", schrie er ins Telefon, „sind Sie noch dran?" Er hörte Gemurmel im Hintergrund und ein seltsames Plätschern.

Schnaubend hielt er sein Diensthandy vom Ohr weg und informierte sein Team, dass der Privatdetektiv Peter Berger ausfindig gemacht habe.

„Der war bei einer Beerdigungsfirma beschäftigt und trug in deren Auftrag die Urne von Laura John zum Grab. Wahnsinn!"

Erneut hob er sein Handy ans Ohr.

„Warthens!"

Wieder hörte er nur ein Rauschen und Plätschern.

„Welche Beerdigungsfirma? Verdammt?"

Hatte der Schnüffler ein Problem?

„Leute, jetzt sind wir am Zug. Sandra, Sie kriegen raus, wo dieser Berger vor einem halben Jahr beschäftigt war. Am besten fragen Sie Frau Wolf vom Friedhof. Alle Institute abzuklappern, das dauert zu lange. Und Kohlbeck, Schauer und Löwe, ihr kommt mit mir, wenn wir wissen, wo der Warthens gerade ist. Mit dem stimmt was nicht. Sedlmeier, Handyortung."

Er legte der jungen Beamtin, eine der vier neuen in seinem Team, sein Handy auf den Schreibtisch.

„Der ist noch dran, aber rührt sich nicht."

Vier Minuten später hatte PHM Sedlmeier den Standort von Michael Warthens' Handy auf dem Monitor. Städtischer Friedhof, Klosterweg. Der Punkt blinkte, ohne sich fortzubewegen, an einem runden Gebilde etwa dreißig Schritte von dem Gebäude mit Glockentürmchen entfernt.

„Auf geht's."

Kreutz schnappte sich das Handy und seine Jacke. Er wartete nicht, bis Kohlbeck und die beiden Neuen Schauer und Löwe ihm folgten.

Beim Fahrstuhl nach unten hatten sie Kreutz eingeholt.

„Na warte", knurrte der Kommissar. „Wehe, das ist wieder so eine Finte von dem Kerl."

PM Schauer fuhr den Wagen am größten Parkplatz der Stadt, der Loretowiese vorbei, und fand an der Klosterkirche eine freie Stelle neben dem Friedhofseingang. Kreutz' Telefon gab einen langgezogenen Pfeifton von sich.

Sandra am Telefon klang gehetzt: „Im Oktober des letzten Jahres hat ein Peter Berger, neuseeländischer Staatsangehöriger mit Touristen-Visum zur Einreise nach Deutschland, bei der Ausländerbehörde den unter anderen für Neuseeländer möglichen, erst nachträglich nach der Einreise einzuholenden Aufenthaltstitel beantragt und bekommen. Er kann also in Deutschland leben und arbeiten. Das hat er zuerst bei Beyerl & Sohn genutzt, dann ..."

„Gut, Frau Thaler."

Im Moment genügte ihm die Information, dass dieser Berger keineswegs als Phantom unterwegs war.

Er informierte seine Begleiter darüber, was Sandra herausgefunden hatte.

„Das überprüfen wir später. Ich will zuerst mit Warthens sprechen. Der weiß anscheinend nicht, wie nahe der an unserem Mann dran ist. Und er hat am Telefon nicht aufgelegt. Wie gesagt, da stimmt was nicht."

Die Beamten stiegen aus dem Wagen und erreichten zwei Minuten später den Brunnen vor der Aussegnungshalle. KHM Kohlbeck umrundete den Tümpel mit Gießwasser und bückte sich. Das Handy von Warthens lag auf dem Boden unterhalb der Brunnenmauer.

„Hat sich eben automatisch abgeschaltet", ließ Kohlbeck den Kommissar wissen und hielt ihm das Handy demonstrativ vor die Nase.

Kreutz schaute sich um.

„Scheiße, ich sagte doch, da stimmt was nicht."

77) Niemals

Sei er ein Mitglied der Familie Braun, rieb der Mann mit dem Ring Michael unter die Nase.

„Gewonnen", gab Michael klein bei. Es machte keinen Sinn, dem unrasierten Mann mit den wasserblauen Augen etwas vorzumachen. „Trotzdem komme ich in deren Auftrag. Ich bin Privatdetektiv und für Sonja Braun tätig. Ist doch in Ordnung, oder?"

Der Mann musterte ihn, als suche er eine Lüge in Michaels Gesicht. Der Brunnenzulauf in der Mitte des Rondells rauschte ununterbrochen. Michael erhob sich von der Bank und schlenderte betont lässig die zwei, drei Schritte zum Wasser. Noch immer hielt er sein Smartphone in der linken Hand. Mit der rechten fuhr er ein paar Mal durchs Wasser. Es war schön kühl. Der fast einen Kopf größere Mann schaute ihm stumm zu. Er starrte ständig auf Michaels Handy.

Hatte Michael nach dem Gespräch mit Kreutz überhaupt aufgelegt? Der Mann hatte ihn dermaßen überrascht. Und hatte er gehört, was er zu Kreutz gesagt hatte?

Er spürte einen Schlag auf seinen Handrücken. Klackernd rutschte das Handy über den Brunnenrand und fiel, wie Michael mit Erleichterung bemerkte, nicht ins Wasser, sondern in die andere Richtung auf den Boden.

„Was …?"

„Woher haben Sie meinen Namen?"

Der Kerl hatte also doch zugehört. Seinen Namen? Michael wurde urplötzlich schlecht. Das konnte doch nicht möglich sein!

Seine Überraschung lähmte Michael. Wie in Zeitlupe sah er die Faust auf sich zukommen. Der Schmerz breitete sich in seinem Gesicht aus. Kurz wurde es dunkel um ihn. Der Mann packte seine Arme und bog sie nach hinten. Irgendetwas schlang sich um seine Handgelenke. Das Licht ging wieder an. Michael probierte, nach Menschen in der Nähe Ausschau zu halten. Wo war Gerhard, verdammt. Er hatte ihn doch extra gebeten, ihn vorsichtshalber nicht aus den Augen zu lassen. Wozu hat man denn Angestellte?

Was wollte der Kerl, dieser Peter Berger, denn mit der Aktion erreichen? Mit aller Kraft versuchte Michael, sich gegen das Gezerre an ihm zu wehren. Trotzdem gelang es dem robusten, jüngeren Typen ihn hinter die erstbeste Hecke neben dem Brunnen auf ein Grab zu zerren. Sein Gesicht wurde in die Erde gedrückt. Sie roch nach zerriebenen Blütenblättern, mit einem Auge erkannte er Eisbegonien. Wenn er den Mund aufmachte, um zu schreien, um auf sich und den Irren aufmerksam zu machen, würde er Erde fressen. Und Eisbegonien, immer wieder Eisbegonien.

„Nochmal", hörte er nur mit dem linken Ohr, „woher wissen Sie, wer ich bin?"

„Keine Ahnung", presste Michael durch die Zähne und schnappte nach Luft. Erdkrümel saugten sich an seine Lippen. „Der Ring, es geht nur um den Ring."

Ein Daumen und Zeigefinger, zwischen denen ein Ring mit halb rotem, halb blauem Stein klemmte, wurde vor sein linkes Auge gehalten. Das Juwel sah tatsächlich wie auf der Zeichnung aus, die Sonja ihm gezeigt hatte. Und es existierte! Jetzt war nicht die Zeit, darüber nachzudenken, wie der Wahnsinnige, der sein Knie in seinen brennenden Rücken drückte, in seinen Besitz gelangen konnte. Peter Berger, der Gelegenheitsarbeiter und Urnenträger.

Plötzlich lockerte sich der Griff. Der Ring vor seinen Augen verschwand. Michael spürte die Leichtigkeit zurückkehren, die ihn atmen ließ. Er wälzte sich auf den Rücken und hob den Kopf. Was er sah, ließ ihn vor Erleichterung und Erschöpfung in die Begonien zurücksinken. Er prustete die Erdkrümel von seinen Lippen und brachte ein Gott sei Dank zustande.

78) Am Brunnen

Ließ sich nicht feststellen, wo Warthens abgeblieben war. Aber etwas musste passiert sein, sonst hätte er sein Handy nicht achtlos liegen lassen.

Ein Mann mittleren Alters und in sportlichem Outfit kam keuchend auf die Gruppe der Polizisten zu.

„Haben Sie einen Mann hier gesehen?", fragte er nach Luft ringend. „Ich war nur schnell drüben auf 'm Klo, zefix!"

Auf der Rückseite der Aussegnungshalle, neben dem Büro der Friedhofsverwaltung, befanden sich öffentliche Damen- und Herrentoiletten. Nach Ansicht des atemlosen Herren anscheinend nicht vorteilhaft gelegen.

Kreutz zückte seinen Ausweis.

„Ich bin Kommissar Kreutz, Kriminalpolizei Rosenheim. Das sind Kollegen. Und wer sind Sie?"

„Gerhard Engel. Mein Chef hat mich hierher bestellt. Er wollte sich mit jemandem treffen, und ich sollte ihn dabei, na ja, überwachen halt."

„Ist Ihnen ja super gelungen, was? Und wer ist Ihr Chef?" Kreutz ahnte das zwar, aber er konnte sich auch täuschen.

„Herr Warthens, Detektei Warthens."

PM Schauer hatte sich als einziger nicht auf den Mann, der vom Klo kam, konzentriert. Er räusperte sich und stupste Kohlbeck an. Mit dem Kopf machte er eine Bewegung, die über den Weg hin zu einer Hecke zeigte. Eine Stimme, gedämpft zwar, aber sicher männlich, drang von dort zum Brunnen herüber.

Kohlbeck zückte seine Waffe, Schauer und Löwe ebenso. Kreutz ließ seine stecken und legte beschwörend seine Finger an die Lippen, weil Gerhard Engel ausholte, laut nach seinem Chef zu rufen.

Vorsichtig schlichen sich Kohlbeck und Schauer an. Löwe machte sich auf den Weg, von der nördlichen Seite her, an der Aussegnungshalle, hinter die Hecke zu kommen.

„Polizei!", rief Kohlbeck mit fester Stimme und zielte mit seiner Waffe auf den

Mann, der mit einer Hand den Kopf eines unter ihm liegenden Menschen auf ein Grab drückte, und mit der anderen einen kleinen Gegenstand vor dessen Nase hielt.

Der Mann sprang auf. Blitzschnell steckte er den kleinen Gegenstand in die Brusttasche seines Hemds. Mit vor Anspannung verzerrtem Gesicht sah er die Männer der Polizei auf ihn zukommen. Ruckartig machte er kehrt und sprang über das nächste Grab, fort von den in Überzahl anwesenden Polizisten. Mit dem vierten hatte er nicht gerechnet. Löwe ließ in buchstäblich zusammenfallen. Der Polizeimeister legte den Flüchtenden in vorbildlicher Manier und im übertragenen Sinn auf die Matte, auch wenn die Matte hier ein großes Familiengrab darstellte. Löwe war bayerischer Vizemeister in Tae-Kwon-do.

„Spitze", lobte ihn Kreutz.

Kohlbeck und Schauer halfen Warthens auf die Beine.

„Danke." Mehr brachte er im Moment nicht heraus. Außer, dass er voller Erde war und ausgiebig Grünzeug und Erde von seinen Lippen pustete, schien der Privatschnüffler in Ordnung zu sein.

Mit einem rechneten die Polizisten im Moment nicht:

„Mike!"

Eine Frau mit rötlichen, halblangen Haaren und in moosgrünem Kleid stürmte auf Warthens zu. Gerhard, der Mann mit der schwachen Blase, trottete hinter ihr drein.

79) Gefasst

Im doppelten Sinn des Wortes, mit Handschließen gefesselt, wartete der Friedmann im Vernehmungsraum. Nichts an seiner Miene verriet, was er dachte oder fühlte.

PM Schauer ließ ihn nicht aus den Augen. Der Polizeimeister war als Sicherheitsbeamter in den Raum beordert worden, obwohl sich Polizeiobermeister Löwe dafür zur Verfügung gestellt hatte. Kommissar Kreutz und Polizeirat Pullmann hielten es dagegen für besser, den Beamten, der den Verdächtigen überwältigt hatte, keinesfalls als Wachmann abzustellen. Niemand wusste, wie der Festgenommene darauf reagieren würde.

Im Moment wirkte der Mann wie erstarrt. Wenn eine männliche Schaufensterpuppe vom kalten Licht des Vernehmungsraums angestrahlt worden wäre, hätte das keinen Unterschied ergeben.

Kreutz und Pullmann beobachteten an den beiden Monitoren im Glupschersaal den Mann, der Alexander Fuchs hieß und sich als Peter Berger ausgab. Zur Vorbereitung auf die Vernehmung hatte Kreutz seine Methode Ausbrüten gewählt, den Mann sitzenlassen, sehen, wie er sich gibt, was er macht. Stellte er sich doch noch überlegen an, als würde ihm nichts passieren? Gebärdete er sich unruhig, zappelnd, nervös, angstvoll? Oder wütend? Aber er zuckte nicht einmal mit der Wimper, was Kreutz nach gefühlt ewig langen fünf Minuten, entscheiden ließ: „Ich geh jetzt rein."

Pullmann wünschte ihm viel Erfolg.

Auf dem Weg zum Vernehmungsraum schniefte Kreutz kurz auf. Während der Aktion auf dem Friedhof hatte er erstaunlicherweise null Niesreiz verspürt, als hätte es dort keine Birkenpollen mehr gegeben. Seine Allergie: weg. War es die Ablenkung durch die nicht ungefährliche Polizeihandlung, dass er nichts gespürt hatte? Muss ich mir merken, sagte er sich und betrat energisch den Raum.

Der Kommissar eröffnete die Vernehmung mit den üblichen Formalitäten, stellte die Anwesenheit von PM Schauer, von Alexander Fuchs und sich selbst fest und nannte Datum und Uhrzeit.

„Herr Fuchs, Sie wissen, dass Sie einen Anwalt hinzuziehen können?"

Fuchs nickte, öffnete den Mund und legte seine gefesselten Hände auf den Tisch. Kreutz wartete, ob er etwas sagen würde. Aber Fuchs blieb stumm. Seine wasserblauen Augen wirkten im kalten LED-Licht wie Gletschereis. Nur seine dunklen Barthaare verrieten ein kaum merkbares Zucken von Wangenmuskeln.

„Na gut, ich informiere Sie nun über die Gründe Ihrer Festnahme. Angriff auf eine Zivilperson mit Freiheitsberaubung und Körperverletzung, Vorgabe einer falschen Identität, dringender Tatverdacht der gewaltsamen Tötung von vier Personen in Deutschland. Ferner liegt ein Auslieferungsantrag der neuseeländischen Polizei gegen Sie vor, wegen der Tötung des neuseeländischen Staatsbürgers Peter Berger, sowie illegaler Einwanderung. Wollen Sie nicht doch lieber einen Anwalt?"

Zum ersten Mal ließ der Friedhofer, wie ihn Kreutz und seine Kollegen inzwischen nannten, seine Stimme im Vernehmungsraum hören.

„All das müssen Sie erst beweisen."

„Nichts leichter als das. Zunächst schickte uns die neuseeländische Polizei die Aufnahmen Ihres deutschen Passes, den Sie nach all den Jahren in einem Möbelstück der Farm vergessen haben. Bei Ihrer erkennungsdienstlichen Behandlung wurden Sie fotografiert und Ihre Fingerabdrücke sichergestellt. Die Mutter Ihrer Tochter Laura erkannte Sie auf den Fotos eindeutig als Alexander Fuchs. Der richtige Farmer Peter Berger wurde eindeutig als dieser identifiziert."

Bei der Erwähnung von Lauras Mutter zeigte der Friedhofmann eine erste, deutliche Regung. Er blinzelte ein paar Male, zog seine Hände vom Tisch und drückte sich gegen die Rückenlehne seines Stuhls, als wollte er vor dem Gedanken an seine ehemalige Geliebte zurückweichen.

Kreutz fuhr mit der Auflistung von Straftaten fort: „Hinzu kommen Einbruch und Sachbeschädigung zum Nachteil einer Behandlungspraxis, Widerstand gegen Vollzugsbeamte bei Ihrer Festnahme, sowie der Diebstahl eines wertvollen Schmuckstückes."

Fuchs deutete ein Grinsen an.

„Das ist falsch. Das Juwel gehört mir." Er versuchte, sich seine Wunde an der Hand zu reiben, was ihm wegen der Handschellen nicht gelingen wollte.

Kreutz bemerkte die wegen der Handschellen unbeholfenen Bewegungen des alles in allem recht wuchtigen Mannes. Jetzt war es an ihm, zu grinsen.

„Die Ärztin, Frau Sistic, hat Sie da gebissen, nicht wahr. Ihr Blut ist seit den erkennungsdienstlichen Maßnahmen im Labor und wird gerade mit dem abgeglichen, das am Opfer gesichert wurde. Und Ihre Hautschuppen, die Sie in den Räumen der Heilpraktikerin Sabine Stern hinterlassen haben, ergeben mit Sicherheit eine Übereinstimmung mit dem Hautabstrich, der Ihnen abgenommen wurde."

Der Friedhofmann sackte merklich in den Stuhl. Er hatte verloren, noch ehe er sich verteidigen konnte. Vielleicht deshalb begann er sich zu rechtfertigen.

„Okay, ich verstehe. Aber Sie wissen nicht, wie und warum das alles so gekommen ist."

„Ja, Herr Fuchs, Ihr Motiv wäre schon hilfreich. Wollen Sie nicht lieber warten, bis ein Anwalt eintrifft?"

„Warum? Der kann mir doch nicht helfen, oder? Aber Sie sollten wissen, dass ich kein Unmensch bin."

„Das sieht der Haftrichter aber anders", entgegnete Kreutz.

Michael traf im Glupschersaal ein. Pullmann hatte ihn eingeladen, als Zeuge der Vernehmung beizuwohnen. Bis alle Formalitäten der Zulassung für den Zutritt der Zivilperson Michael Warthens zu den Diensträumen erledigt waren, hatte es länger gedauert, als Michael lieb war. Seine Verletzungen nach dem Angriff beschränkten sich auf einen blöden Geschmack nach Eisbegonien im Mund. Er fürchtete, der einzige Mensch auf der Welt zu sein, der wusste, wie die Dinger schmeckten.

Gespannt lauschte er den Worten des geheimnisvollen Mannes, den Michael mittlerweile wie die Polizisten als Friedhofer bezeichnete.

„Zunächst versichere ich Ihnen, Kommissar, dass ich es zutiefst bereue, meine Tochter nach ihrer Geburt nicht im Ansatz unterstützt zu haben. Ich habe kalte Füße bekommen, ich war jung, hatte eigentlich vor, Polizist zu werden. Ja, da staunen Sie, Kommissar, was! Aber Lauras Mutter Nadine hatte so was von geklammert. Ich war total überfordert, bin durchgedreht und abgehauen. Dann habe ich immer wieder ein paar Gelegenheitsjobs angenommen, aber der Drang, neu anzufangen, ließ mich nicht los. In Deutschland wollte und konnte ich nicht bleiben. Ich gebe zu, ein paar Einbrüche, um mich über Wasser zu halten, hätten mich sicher bei einer Festnahme die Freiheit gekostet, die ich mit aller Macht gesucht habe.

In Hamburg hatte ich das Glück, auf einem chinesischen Frachter anzuheuern. Die haben nicht lange nachgefragt, haben meinen Pass angeschaut und gesagt, als Putzmann könne ich mitfahren. Nach Neuseeland. Dort sind die Einreisebestimmungen für längere Aufenthalte aber ziemlich streng. Ich bin vom Schiff abgehauen, habe mich durchgeschlagen, und eine Maorifamilie hat mir geholfen. Die waren, was sie bei meinem Abschied gesagt haben, wegen meiner blauen Augen davon überzeugt, ich sei ein besonderer Mensch oder so was.

Dann bin ich bei Berger untergekommen, der mich zum Schafscheren kurzfristig angestellt hat. Der tat sich ein wenig schwer damit, weil er sich mal einen Finger dabei abgetrennt hat. Um es kurz zu machen: er wollte etwas am Dach reparieren, fiel herunter und bewegte sich kaum noch. Ich habe ihn erlöst, aber gleichzeitig meine Chance gesehen. Ich wusste, er sieht mir verdammt ähnlich, und die anderen Farmer in der Gegend begegneten sich höchstens ein- zweimal im Jahr auf einem Viehmarkt. Sogar der Tierarzt hat mir den wortkargen Peter Berger abgenommen."

Kreutz hob seine Hand, um Fuchs zu unterbrechen.

„Herr Fuchs, das ist uns allen klar. Mich interessieren besonders zwei Dinge. Erstens, was hat es mit dem Ring auf sich, und vor allem, Ihr Motiv, ausgerechnet völlig unterschiedliche Personen zu Ihren Opfern zu machen, die im näheren oder weiteren Sinn mit Heilung und Pflege zu tun haben." Er vermied das Wort verrückt, das ihm auf der Zunge lag, auszusprechen.

Dafür sagte es Michael zu Pullman.

„Das ist doch völlig plemplem. Ich ahne ja, was jetzt kommt. Aber trotzdem ..."

Fuchs schaute finster drein, als ärgere es ihn, dass Kreutz seine Ausführung gestoppt hatte.

„Lassen Sie mich ausreden, dann erfahren Sie's schon. Also erstmal wegen des Rings. Sie müssen wissen, den habe ich nicht gestohlen. Ich fand ihn in einer verschlossenen Schublade der Farm. Ein Schulheft lag dabei, in dem stand, dass eine Urtante, oder wie man das nennt, also eine Vorfahrin von Berger einst als Klosterschwester in Italien gelebt hat. Das Kloster wurde aufgelöst, und sie ist mit dem teuren Ring vor hundert Jahren, in den Zwanzigern oder so, nach Neuseeland, um Ureinwohnern zu helfen oder sie zu missionieren, was weiß ich. Jedenfalls hat sie den Ring nie einlösen müssen, stand da in dem Heft. Und Namen, deutsche Namen standen dabei, also die ganze Geschichte mit Tricksen bei einer Geburt und so Zeug. Egal. Ich habe ihn halt als Lebensversicherung mitgenommen, als ich vor einem Jahr zurück bin."

„Als Peter Berger", nickte Kreutz ab. „Aber warum sind Sie überhaupt zurück nach Deutschland?"

„Können Sie sich das nicht denken? Ich hatte eine Tochter! Ich wollte sehen, wie sie aussieht, mit ihr reden. Sie glauben gar nicht, wie oft ich mir vorgestellt habe, ich wäre einfach nur da gewesen, ein guter Vater. Scheiße! Ich hab's so bereut, abgehauen zu sein. Vielleicht hätte ich ihr den Ring sogar geschenkt, als Wiedergutmachung.

Dann musste ich wegen der Ausgangssperren und den Reisebeschränkungen um die Scheiß Corona-Pandemie ewig warten, bis ich fliegen konnte. Ich habe sogar überlegt, ihr von der Farm aus zu schreiben oder sie anzurufen, dass sie mich besuchen könnte, wenn das alles vorbei ist. Aber das wäre zu riskant gewesen. Ich wusste ja nicht, wie sie reagiert und ob sie mich womöglich verpfeift. Nein, ich musste die Kontrolle behalten, Geduld haben. Wenn ich früher hier gewesen wäre, im Winter vielleicht, wäre das so nicht passiert mit ihr. Lebend habe ich Laura keine drei Minuten gesehen, verstehen Sie?

Nach dem 2. Juli waren ja wieder Reisen nach Europa und Deutschland möglich. Deutschland hat dann sogar die uneingeschränkte Einreise aus bestimmten Drittstaaten erlaubt, wie es hieß. Neuseeland gehörte zu denen, von wo man wieder fliegen konnte. Die Chance habe ich natürlich sofort ergriffen, und trotzdem noch fast zwei Monate warten müssen, bis ich einen der wenigen Flüge buchen konnte.

Als ich in Rosenheim war, meldete ich mich sofort bei Laura, ohne Nadine oder ihrem Mann, diesem John, etwas davon zu sagen. Über eine alte Bekannte hatte ich noch in Neuseeland ihre Telefonnummer herausbekommen. Anruf genügte, um die alte Tante zum Herausrücken der Nummer zu überreden. Hier angekommen, bat ich Laura, meine Anwesenheit und unser Geheimnis vorerst für sich zu behalten. Am Telefon wollte sie erst auflegen. Dachte, ich sei ein Betrüger. Aber dann hat sie mir doch zugehört, weil ich ihr Dinge über ihre Mutter sagen konnte, die nur ich und sie wissen kann. Nadines Muttermal zum Beispiel an einer sehr netten Stelle. Egal."

Kreutz ließ Fuchs reden. Sein Mund war trocken, als wäre er es, der ein Geständnis ablegte.

Fuchs leckte sich die Lippen, ob wegen Mundtrockenheit oder dem Gedanken an das Muttermal seiner Ex, ließ er Kreutz nicht wissen.

„Laura wusste bereits, dass der Stromeier nicht ihr leiblicher Vater war, aber sie wollte doch erfahren, wer ihr richtiger ist. Ich machte ein Treffen mit ihr aus, in dem Park am Hallenbad. Sie war so aufgeregt. Noch ehe ich was sagen konnte, wurde sie von einer Biene oder Wespe gestochen. Plötzlich begann sie zu zittern, suchte nach irgendwas in ihren Taschen. Sie lief ganz blau an. Ich rief noch schnell den Rettungsdienst, überließ sie einem Passanten und machte mich davon. Mal wieder, ich weiß. Ich wollte nicht mit ihr in Verbindung gebracht werden. Das hätte so viel aufgewühlt, und es wäre alles aufgeflogen. Sie wusste ja jetzt, wer ich wirklich bin. Kurz darauf erfuhr ich, dass sie an einem anaphylaktischen Schock starb. Ein Scheißzufall war es, dass ich bei Beyerl & Sohn angeheuert hatte. Mann, wissen Sie, wie es ist, seine eigene verstorbene Tochter zum Krematorium zu fahren, sie in einer Urne zu Grabe zu tragen. Ich fasse es selbst nicht, dass ich extra von der anderen Seite der Welt zurückkam, nur um sie persönlich zu beerdigen! Verdammt und scheiße nochmal!

Als ich ihre Leiche bei Beyerl gesehen habe, fiel mir der Schnitt an ihrem Hinterkopf auf. Ich fand heraus, warum und wieso. Die Hure von Kurpfuscherin hat ihr das Haar abgeschnitten."

Fuchs spuckte beim Sprechen. Feine Tröpfchen flogen durchs Licht.

„Ich muss Sie unterbrechen", stoppte Kreutz Fuchs' immer zorniger werdenden Redefluss. „Sie haben sich nicht zu erkennen gegeben, weder im Bestattungsinstitut und nicht einmal bei der Beisetzung Ihrer Tochter?" Er fragte sich kurz, ob er wusste, dass seine Tochter schwanger war. Ihn zu fragen, unterließ er dann doch. Nicht, dass ihn die Tatsache, er hätte Großvater werden können, völlig aus der Bahn warf. Später würde noch genug Zeit dazu sein.

Fuchs hatte sich wieder im Griff und atmete einmal tief durch.

„Natürlich nicht. Ich meine, Nadine oder jemand anderer hätte mich schon erkennen können. Das Risiko war es mir wert. Aber niemand schöpfte Verdacht. Ich war ja nur ein Erfüllungsgehilfe von Beyerl & Sohn. Uniform, Mütze und Sonnenbrille taten gute Dienste, und ich war seit zwanzig Jahren verschwunden, weg vom Fenster. Ich konnte doch, außer mit meiner Tochter, schlecht mit jemandem aus meinem früheren Leben als Alex Fuchs Kontakt aufnehmen." Fuchs verfiel in einen sarkastischen Ton. „Vielleicht lebte ich ja sogar nicht mehr? Ich wäre denen doch egal gewesen, selbst wenn sie mich erkannt hätten. Haben sie aber nicht."

Kreutz ließ nicht locker: „Gut, aber warum die Haare? Ein Zeichen, oder was?"

„Ja, verflucht. Für Laura war es das Todesurteil, dass sie sich diese Haaranalyse gefallen ließ. Sie hat sich doch viel zu sehr auf die Quacksalberin verlassen, als auf ihren Arzt zu hören. Dann hätte sie ihr Notfallset doch dabeigehabt!"

„Glauben Sie nicht", überlegte Kreutz, „dass Ihre Tochter das Notfallset deshalb nicht dabeihatte, weil sie es in der Aufregung über das erste Treffen nach 22 Jahren mit Ihnen, ihrem leiblichen Vater, vergessen hat? Zumindest wäre das eine vernünftigere Erklärung dafür, als das, was Sie sich da zusammenreimen."

Die Provokation brachte Fuchs zum Kochen. Er beugte sich nach vorne und rutschte mit seinen Unterarmen über den Tisch, als wollte er Kreutz an den Kragen. PM Schauer sprang Kreutz zur Seite, packte Fuchs und zog ihn zurück auf den Stuhl.

„Beruhigen Sie sich, Herr Fuchs, sonst setzen wir das Gespräch in einer Zelle fort. Sie mit Fixierung, das sag' ich Ihnen!"

Fuchs machte Pah.

„Okay, okay. Aber ich bin sicher nicht schuld, dass Laura starb."

„Frau Stern, der Friedhofsgärtner, Herr Hirschbichler und Dr. Sistic aber auch nicht. Wieso die? Und warum Claudius Altmann. Der alte Gärtner hat Ihnen doch nichts getan?"

„Der wusste zu viel über mich. Und gierig war er. Der kannte die ganze Geschichte mit dem Ring. Das Schmuckstück habe ich nur als Lockmittel für ihn eingesetzt. Der wollte sich wohl bei der Braun-Familie einschmeicheln und Geld rauskitzeln. Ich habe ihm gesagt, der Ring könnte in seinem Haus versteckt sein, weil da eine Verwandte seines Vermieters, eine Klosterschwester aus Udine mal gewohnt habe. Ich zauberte einen wertlosen Ring hinter einem Schrank hervor, und dann ist er blöderweise draußen in den Schacht gekullert. Ich bat Altmann, mit einer Taschenlampe danach zu suchen. Den Rest wissen Sie ja."

„Und wieso bei ihm die Haare?"

„Irgendwie hatte er doch genauso mit all dem zu tun, was Leute leiden lässt."

„Leiden? Wie meinen Sie das?"

„Immer wenn ich jemand auf dem Friedhof weinen oder trauern sehe, muss ich fragen, wer schuld ist. Denn irgendjemand ist immer schuld am Tod eines geliebten Menschen. Bei Laura war es die Stern. Bei jemand anderem ein Pfleger, eine Ärztin, egal. Wenn ich sie fragte, hatten all die Leute nie etwas dagegen, mein Angebot anzunehmen. Auch wenn sie es oft nicht mit Worten ausdrückten. Ihre Blicke sagten Ja, tu es."

„Ob sie das wirklich wollten, was Sie dann getan haben", warf Kreutz ein, „das können Sie doch gar nicht beurteilen."

„Doch."

Dr. Gideon Baumgartner kam nun persönlich in den Vernehmungsraum, um dem Kommissar die Ergebnisse der Blut- und DNA-Spurenuntersuchung zu übergeben.

Er warf einen Blick auf den Verdächtigen. Was er dabei dachte, konnte Kreutz nur ahnen. Jedenfalls bekamen Baumgartners Wangen eine dunkle Farbe. Mit einem Ruck zog er den Haargummi von seinem Pferdeschwanz.

„Haben Sie Ihre Schere dabei?", fragte er mit bösem Grinsen. „Dann können Sie mir ja ein Stück aus dem Haar schneiden. Ach nein, wir haben sie ja in ihrer Unterkunft gefunden. Sie sollten sich eine neue zulegen. Die alte hat einen Sprung. Wiedersehen."

An den Bildschirmen im Glupschersaal machte sich Ratlosigkeit breit.

„Was ist denn das für ein Motiv?", fragte Michael mehr sich selbst als Pullmann. „Der bringt wildfremde Menschen um, nur weil jemand glaubt, die könnten für das Sterben eines anderen verantwortlich sein?"

Pullman schüttelte den Kopf.

„Tja, Warthens. Wenn jemand von etwas überzeugt ist, wenn er meint, das Richtige zu tun, ist er kaum von seinem Denken und Tun abzubringen. Verrückt ist das schon. Seine Tochter ..."

„Pst", machte Michael, „es geht weiter."

Ein Lächeln huschte über das Gesicht von Alexander Fuchs. „Oh Gott, die Schere, ja. Die habe ich vergessen."

„Noch so ein Beweis für Ihre Schuld", sagte Kreutz und wedelte mit dem Papier, auf dem die Laborergebnisse gedruckt waren. „Aber wir sind unterbrochen worden. Sie sagten vorhin, all die Leute. Wie viele sind es denn gewesen?"

Fuchs lehnte sich zurück und zeigte sich großzügig.

„Hm. Das finden Sie schon selbst raus, denke ich."

Draußen wurde Pullman lebhaft. Er griff zum Telefon.

„Kohlbeck? Ja. Gehen Sie ab sofort allen unklaren Todesfällen und unaufgeklärten Tötungsdelikten der letzten sechs Monate nach! Ja, allen. Wird ja nicht so schwer sein."

Michael lief ein Schauder über den Rücken.

„Glauben Sie, dass da noch mehr Morde im Raum stehen?"

„Sie haben es doch selbst gehört."

Kreutz kniff für einen Moment die Lippen zusammen.

„Und Sie handelten, außer im Fall Ihrer Tochter, stets im Auftrag?"

„Manchmal ja, manchmal, wie gesagt, merkte ich halt den Schmerz bei Hinterbliebenen, und die Frage in ihren Gesichtern: warum? Für Lauras Ehemann konnte ich leider nichts tun. Der mit seinen Ausrastern, wie ich beobachtet habe, das war mir zu riskant. Obwohl er nach mir und Lauras Mutter Nadine am meisten Grund hätte, mal nachzufragen, warum seine Frau sterben musste. Und Nadine, mein Gott, die hätte mich doch sofort erkannt. Bei der Enkelin einer alten Dame zum Beispiel war das anders. Nicht so nah an meiner Familie. Die war nach sagenhaften zwanzig Jahren noch immer fest davon überzeugt, dass dieser Hirschbichler wegen einer Schlamperei im Seniorenheim schuld am Tod ihrer Oma war."

„Also, ich bin kein Psychologe", verstieg sich Kreutz ein wenig unprofessionell während einer Vernehmung, „aber hat es Sie befriedigt, die Leute umzubringen und Ihnen wie bei Ihrer Tochter das Haar abzuschneiden? Ich meine, was haben Sie davon?"

Fuchs sah genervt zur Decke.

„Sie kapieren nichts, oder? Das Gefühl, das ich nach dem Tod von Hirschbichler hatte, war eine Offenbarung. Hirschbichler war der erste, ja. Zwei Tage nach Lauras Beisetzung dachte ich über die Schuld am Tod meiner Tochter nach. Ich war auf dem Friedhof, und dann habe ich erst aus so einem Impuls heraus diese Frau gefragt. Sie erzählte mir, was da vor zwanzig Jahren mit ihrer Großmutter passiert war, die Schlamperei im Seniorenheim, und ab da wusste ich, was zu tun ist. Mit der Heilpraktikerin habe ich mir dann Zeit gelassen, habe Lauras Arzt überprüft, aber der hat nichts falsch gemacht, der kann nichts dafür. Inzwischen habe ich recherchiert, habe ein Gespräch bei den Beyerls gehört, die Hexe habe ein schlechtes Gewissen wegen Laura. Und danach war dann alles klar. Sie zögerte monatelang, sich mit mir zu treffen, und als sie schließlich zum Treffpunkt kam, hatte ich Gewissheit, dass sie Schuld hatte. Wie das Treffen ausging, muss ich Ihnen nicht erklären."

Michael starrte auf den Bildschirm.

„Das ist es! Ich habe mich die ganze Zeit gefragt, wie das mit Markus, der Sabine Stern und dieser Laura zeitlich zusammenhängt. Laura wurde am 7. Oktober beigesetzt, und Markus am 17. Oktober tot aufgefunden, Frau Stern erst am Montag voriger Woche. Jetzt ist mir einiges klar. Hat sich Ihr Kommissar Kreutz da nicht gewundert?"

Pullmann verdrehte nur die Augen. Trotzdem fiel er seinem Untergebenen nicht in den Rücken: „Nun macht er ja einen guten Job beim Verhör."

„Es tut so gut", flüsterte der Friedhofer wie ein Verschwörer, „einen Ausgleich zu schaffen, Gerechtigkeit auszuüben, die niemand außer mir verrichten kann. Einer muss es doch tun. Und niemand hat anschließend gesagt, er oder sie würde es bereuen, dass die Schuldigen nun ebenfalls dort sind, wo ihre Liebsten hingegangen waren."

„Im Fall von Pauline Kalendar, deren Vater Ihrer Meinung nach durch einen Fehler von Frau Dr. Sistic gestorben ist, glaube ich Ihnen das sogar. Die Dame hat

Sie nämlich bei ihrer Aussage völlig anders beschrieben, als Sie in Wirklichkeit aussehen. Genau genommen sogar total gegenteilig. Die wollte Sie nicht auffliegen lassen."

Pullmann hatte sein Telefon noch in der Hand.

„Kohlbeck? Ja, ich schon wieder. Laden Sie Pauline Kalendar noch einmal vor. Wegen Falschaussage, und dem Verdacht auf Beihilfe zum Mord."

Fuchs kam noch einmal in Fahrt: „All die Ärzte, Pfleger, Alternativmediziner, sie ziehen einfach den Stecker, wenn jemand kein Geld mehr bringt. Sie lassen sie sterben für Organe, für freiwerdende Bettenkapazitäten in Kliniken, oder einfach, weil ihre Behandlung und Pflege zu teuer kommen. Sogar bei der Pandemie-Sache hat Geld gefehlt, um wenigstens Atemmasken zu kaufen für die, die sie brauchten, bis dann alles aus dem Ruder lief und doch Kohle locker gemacht wurde. Zu spät. Und diese Sabine Stern zog die Behandlung ihrer Kunden über Monate und Jahre hin, um ihnen noch dazu sinnlos das Geld aus der Tasche zu ziehen!"

Kriminalrat Pullmann zog die Oberlippe auf.

„Der mag nicht der König der Verschwörungstheoretiker sein, aber der Prinz allemal."

Michael konnte seinen Blick auf den Monitor nicht abwenden.

„Eher der Hofnarr und Henker in einer Person", entgegnete er Pullman. „Sein ganz persönliches emotionales Erlebnis hat sich in ihn eingebrannt und sein Leben erneut verändert. Den Schmerz und den Hass, all das hat der plötzliche Tod seiner Tochter, die er endlich kennenlernen wollte, bewirkt. Das ist etwas, das nur der verstehen kann, der es selbst erlebt hat. Vielleicht ist das Gefühl noch unbeschreiblicher, als Fuchs gerade versucht hat, uns dafür eine Erklärung zu liefern, oder?"

Pullmann sah Michael von der Seite an.

„Nichts rechtfertigt seine Morde. Ob er sich dabei wirklich besser fühlte, weil er glaubte, Angehörigen damit geholfen zu haben? Das herauszufinden überlasse ich ebenso den forensischen Psychiatern im Strafvollzug wie die Frage nach seiner Schuldfähigkeit. Die werden dazu viel Zeit haben."

Kommt auf den Richter an, dachte Michael. Eine andere Frage, eine sehr viel harmlosere, lag Michael aber doch noch auf der Zunge: „Herr Kriminalrat, was bedeutet eigentlich das K auf Kreutz' Namensschildchen? Doch nicht etwa Kommissar, oder?"

Pullmann schmunzelte.

„Nein, das ist die Initiale seines Vornamens. Er mag ihn, glaube ich, nicht besonders und hält ihn bedeckt."

„Und? Wie lautet der?"

„Kasimir."

„Okay." Michael verbarg seine Überraschung und hielt ein Lachen zurück. „Trotzdem: Danke."

80) Familie Braun

hatte Michael und seine Freundin Conny eingeladen, an ihrem Treffen teilzunehmen. Ob Berti Warthens mitkommen dürfe, hatte Michael per Mail zu fragen gewagt. Zu seiner Freude rief ihn Sonja daraufhin an.

„Natürlich. Sie kennt ja unsere Familie, wenigstens die älteren von uns. Ich hab' sie als Kind öfter auf ihrer Alm erlebt. Meine Eltern sind gerne dort hinaufgewandert. Das werde ich nie vergessen, die Kühe und Schafe, die gute Luft und dieser riesige Abenteuerspielplatz rund um die Almhütte. Nur das kalte Brunnenwasser im Trog zum Waschen hat mich g'stört. Nimm sie gerne mit, wenn sie möchte."

Nun saßen Conny, Berti und Michael also im kleinen Saal des Klosterkellers gemeinsam mit den Brauns und feierten die Rückkehr des Kronjuwels, wie Sonjas Schwester den Ring mit den zwei Steinen scherzhaft bezeichnete.

Recherchen über die Besitzverhältnisse und rechtliche Ansprüche von anderer Seite waren von ihrem Anwalt geprüft worden. Da es keine weitere Erklärung dafür gab, dass der Ring mit den beiden unterschiedlichen Steinhälften nicht von ihrer Vorfahrin Maria Robertis, spätere Braun stammte, ging er endgültig in den Besitz der Brauns über.

Sonja hielt eine Rede, kurz und emotional, bei der sie am Ende besonders Michael dankte.

„Ohne dich wäre dieser unfassbare Weg des Juwels niemals aufgeklärt worden, und der Ring nicht zurück in unsere Hände gelangt. Viele von uns dachten lange, der Ring sei nur ein Mythos. Aber es ist wahr. Und wir sollten denen gedenken, die bei all diesen schrecklichen Ereignissen der letzten Wochen ihr Leben lassen mussten. Ich erinnere besonders an Claudius Altmann."

Nach einer Gedenkminute wurde serviert. Das Gemurmel um ihn herum kam Michael vor wie ein Summen im Bienenstock. Er schaute sich um. Mehr als dreißig Angehörige der Brauns waren aus Rosenheim, anderen Städten Bayerns und des restlichen Deutschland zusammengekommen. Ein älteres Ehepaar war aus Kanada angereist. Er hörte kaum, was Conny ihm soeben zuflüsterte. Er fragte einfach zurück: „Was hast du eigentlich auf dem Friedhof gemacht, bevor du mitsamt den Polizisten und Gerhard angetrabt kamst?"

„Ich wollte dich was fragen. Aber das wäre dort und in der Situation mit diesem Fuchs nicht gut angekommen, glaube ich."

„Ja, was denn?"

Berti spitzte die Ohren. Ihr nachfolgendes Schmunzeln sprach Bände: Dass i dös no derleb'n derf...

81) *Ein Vogel*

Setzt sich auf den sonnenbeschienenen Grabstein. Die Frau am Grab lässt ihren Tränen freien Lauf. Als würde er sie trösten wollen, zwitschert der kleine gefiederte Kerl in allen Tonlagen. Das hilft ein bisschen, ihren Schmerz zu lindern. Aber viel zu wenig, um ihre Frage zu beantworten. Wer ist schuld?

Niemand ist da, der sie danach fragen könnte und vielleicht eine Antwort wüsste.

Epilog

Um keine Missverständnisse aufkommen zu lassen: ein Grabfeld mit Feldnummer 83 existiert auf dem städtischen Friedhof Rosenheim am Klosterweg nicht. In Wirklichkeit enden die Nummern bei 82.

Interessierte können sich über die Geschichte des Rosenheimer Friedhofs hier informieren:

https://www.stadtarchiv.de/stadtgeschichte/rosenheim-im-wandel-der-zeit/detailseite/timeline/detail/der-alte-friedhof/

Auf dieser Seite finden Sie auch eine Karte mit dem Friedhof, der Stadt Rosenheim und ihrer Umgebung mit den im Roman erwähnten Orten Großkarolinenfeld und Bad Endorf.

Einen eigenen Friedhofsgärtner gibt es übrigens schon lange nicht mehr. Viele Arbeiten auf den städtischen Friedhöfen werden jetzt vom städtischen Bauhof oder von Fremdfirmen übernommen – so wie es der Gärtner in diesem Buch vorausgesehen hat. Ein Bestattungsamt, das u. a. mal ins Standesamt integriert war, ist in Rosenheim inzwischen dem Umwelt- und Grünflächenamt zugeordnet. Nun ja, der Friedhof ist natürlich auch eine grüne Fläche.

Die Ring-Geschichte ist an eine wahre Begebenheit angelehnt, die sich im Kern genau so zugetragen hat. Die Namen der Familien wurden geändert, und in der Realität ist der Ring, der zu einer gesunden Geburt in Italien, Udine, Region Friaul beitrug, verschollen. Das Schweigen von Beteiligten, und die Tatsache, dass viele davon nicht mehr leben, ermöglichte keine Recherche nach dem Kloster, in dem um 1900 das Kind zur Welt kam. Möglicherweise existieren das Kloster und der Ring nicht mehr. Aber die Geschichte.

Die Frage des Täters, Wer ist schuld, beruht ebenso auf einer wahren Begebenheit, oder besser: auf einer Begegnung an einem Grab.

Noch auf ein Wort

Die Idee zu diesem Roman entstand vor langer Zeit, immer mit Achtung vor den Verstorbenen, den Gräbern auf den Friedhöfen und auch mit dem Bewusstsein des Respekts gegenüber den Angehörigen.

Mitten in die Entstehung dieser Geschichte brachte das Corona-Virus unser aller Leben und Tun durcheinander. Vieles ist wohl bis heute, während Sie diese Zeilen lesen, nicht so, wie es einmal war. Viele Menschen erkrankten, viel zu viele verstarben und versterben weltweit an dieser neuen Krankheit. Das Leid wäre nicht in Worte zu fassen. Darum konnte ich die Corona-Pandemie, um der Realität gerecht zu werden, in Der Friedhofer nicht gänzlich ignorieren. Nicht alle Szenen, in denen die Corona-Beschränkungen eine (Neben-) Rolle spielen, konnten aber eins zu eins umgesetzt werden. Zur Erläuterung und als Beispiel: das Büro der Friedhofsverwaltung auf dem Städtischen Friedhof am Klosterweg war ab März 2020 geschlossen und ist es vielleicht immer noch. Im Buch ist das Büro (aus dramaturgischen Gründen) für Besucher stets zugänglich. Beerdigungen verliefen im Oktober 2020 anders als ein Jahr zuvor, mit Abstandsregel und zum Teil auch mit Teilnehmer-Beschränkungen.

Mir war und ist bewusst, dass die augenscheinlichsten Auflagen wie Maskenpflicht in Innenräumen und auch das Hinterlassen von Kontaktdaten in Restaurants oder Cafés noch immer bestehen können. Ich lasse sie zumindest gedanklich bei einigen „Mitwirkenden" aufleben. Unterhaltungen mit Mund-Nase-Bedeckungen wären wegen fehlender Mimik schwer zu beschreiben.

Mit der Hoffnung, dass die Zeit nun wieder eine bessere sein möge, wünsche ich Ihnen, geschätzte Leserin, geschätzter Leser, Gesundheit und weiterhin viel Spannung beim Lesen.

Und nicht zuletzt:

Ein herzliches Danke an alle, die u. a. dieses Buch ermöglichten, also dem Lektorat und Verlag, den Tippgebern und Testlesern, vor allem Sandra Waldberg®.

Rezept: Seelenzopf

Zum Leichenschmaus wird wie in den meisten Gegenden unserer Breiten nach einer Beerdigung eingeladen. Die Angehörigen können aber auch, wie das in katholischen Gemeinden der Fall ist, zwischen Kirchgang oder Rosenkranz am Vorabend oder am Vormittag der eigentlichen Beisetzung zum Leichenschmaus bitten. In der Regel und überwiegend findet er aber nach der Beerdigung statt.

Inzwischen gibt es, der Tageszeit am Nachmittag entsprechend, oft Kaffee und Kuchen. Aber manchmal noch ein regelrechtes Menü aus Suppe (Leberknödel, Grießnockerl oder deftige Fleischsuppe mit Pfannenkuchenstreifen), Braten oder Fisch und Nachspeise. Eine einheitliche Regel oder Speisenfolge gibt es dazu nicht.

Doch einmal im Jahr, an Allerseelen, dem Tag nach Allerheiligen, folgt das eigentliche Totengedenken. Dazu wurde, zumindest früher, wie Tante Berti weiß, der sogenannte Seelenzopf gebacken, ein Gebäck aus Hefeteig, das man den Armen spendete, am Grab opferte oder: selber aufaß.

Der Seelenzopf geht laut Tante Berti so:

Man braucht

- 30 g Hefe
- einen halben Liter Milch
- etwa 100 g Zucker
- 1000 g Mehl
- ein großes Stück handwarme Butter, gerne eine ganze Packung mit 200 bis 250g.

Ach ja: und ein bisserl ein Salz, sagt Berti.

Das Mehl siebt man am besten fein in die Schüssel, gibt ein wenig lauwarme Milch dazu, die Hefe und einen Teelöffel Zucker. Wie immer beim Hefeteig in der Mitte einen sogenannten Vordoag (Vorteig) anrühren, und aufgehen lassen, wo's warm ist. Zwanzig Minuten sollen es schon sein.

Danach das restliche Mehl und alle anderen Reste wie die der Milch, Zucker,

Butter (Berti sagt wie auf Bairisch üblich immer den Butter), und ein Priserl Salz dazu verrühren und wieder stehen lassen. (Mit Küchentuch abdecken kann nicht schaden.)

Dann drei längliche Teigteile aus dem Teig bilden, (Berti kann's auch mit vier), und zu einem Zopf flechten. Nicht schlecht ist es, dem Zopf vor dem Backen nochmal etwas Ruhe zu gönnen.

Backen je nach Herdart bei 200-230 Grad zwischen 30 und 40 Minuten, bis die Oberfläche goldbraun ist.

Berti streicht neuerdings vor dem Backende eine Zuckerlösung auf die Oberfläche des Zopfs, damit er mit dem Zuckerguss süßer wird. Aber ehrlich g'sagt, sie muss sich um ihre Zähne ja keine Sorgen mehr machen, oder?

Über Peter Brand

Peter Brand, 1958 geboren, wuchs in Rosenheim auf und ist Angestellter der Stadtwerke Rosenheim.

Zahlreiche Kurzgeschichten Peter Brands wurden in Anthologien und Literaturzeitschriften veröffentlicht. 2008 errang er den Literaturpreis der Stadt Taucha/Leipzig. International konnte er mit Texten in den Anthologien Spuren/Traços, sowie Zugvögel in Portugal überzeugen.

Der Friedhofer ist der sechste Kriminalroman des Autors im Wieken-Verlag.

Leseproben finden Sie unter https://sevecke-pohlen-blog.de/peter-brand-rosenheimkrimis/

Bücher von Peter Brand

ISBN Buchhandel 978-3-943621-28-0
ISBN Amazon 978-3-943621-23-5
ISBN E-Book mobi 978-3-943621-24-2
ISBN E-Book EPUB 978-3-943621-25-9

ISBN Buchhandel 978-3-943621-43-3
ISBN Amazon 978-3-943621-44-0
ISBN E-Book mobi 978-3-943621-46-4
ISBN E-Book EPUB 978-3-943621-45-7

ISBN Buchhandel 978-3-943621-52-5
ISBN Amazon 978-3-943621-51-8
ISBN E-Book mobi 978-3-943621-53-2
ISBN E-Book EPUB 978-3-943621-54-9

ISBN gebundene Ausgabe 978-3-943621-71-6
ISBN Taschenbuch Amazon 978-3-943621-69-3
ISBN Taschenbuch Buchhandel 978-3-943621-70-9
ISBN E-Book mobi 978-3-943621-67-9
ISBN E-Book EPUB 978-3-943621-68-6

ISBN gebundene Ausgabe 978-3-943621-82-2
ISBN Taschenbuch Amazon 978-3-943621-80-8
ISBN Taschenbuch Buchhandel 978-3-943621-81-5
ISBN E-Book mobi 978-3-943621-79-2
ISBN E-Book EPUB 978-3-943621-78-5